I Ging

I Ging

Der weise Weg

Gary G. Melyan
&
Wen-kuang Chu

unipart

Adaptiert nach *The Pocket I-Ching*,
zuerst erschienen bei Charles E. Tuttle Publishing Co., Inc.
Adaption mit freundlicher Genehmigung durch Tuttle Publishing

I Ging ist ein altes chinesisches Buch der Weissagungen. Die Orakelsprüche können allenfalls als Anregung dienen, bestimmten Lebensbereichen besondere Aufmerksamkeit zu widmen, keinesfalls sollten sie als Grundlage der Lebensgestaltung herangezogen werden. Eine Haftung des Verlages, seiner Mitarbeiter, der Autoren und Übersetzer für Schäden, die durch das Vertrauen auf die Orakelsprüche oder deren Umsetzung entstehen, ist ausgeschlossen.

I Ging – der weise Weg
Unipart bei area
Genehmigte Sonderausgabe für area verlag gmbh, Erftstadt

Übersetzung aus dem Englischen: Scriptorium Köln, Brigitte Rüßmann & Wolfgang Beuchelt
www.scriptorium.de
Lektorat und Koordination der deutschen Ausgabe: TTScript, Köln
www.ttscript.de
Einbandgestaltung: Bille Fuchs, Köln
Einbandabbildung: Corbis
Layout: Sheila Hart Design
Printed in China 2005

ISBN 3-89996-636-8

www.area-verlag.de

Inhalt

Vorwort

Die wachsende Beliebtheit des I Ging (Buch der Wandlungen) in der westlichen Welt ist ein Beleg dafür, dass sich auch rationale Menschen immer häufiger nach den spirituellen Antworten dieses alten chinesischen Orakelbuchs sehnen. Trotz einiger guter Übersetzungen bleibt die Interpretation der oftmals mysteriösen und undeutlichen Kommentare, die jedes Hexagramm begleiten, schwierig.

Wer sich intensiv mit dem I Ging und seiner Tradition auseinander setzt, kann selbst die Antworten finden, die die Hexagramme auf die an sie gestellten Fragen geben. Diejenigen aber, die im Umgang mit dem I Ging nicht geübt sind, empfinden die Befragung des Buchs oft als schwierig und missverständlich. Daher haben Dr. Wen-kuang Chu und ich uns zusammengetan, um diese einfache und praktische Einleitung zur Verwendung des I Ging als Orakelbuch zu erstellen.

Unser Ziel ist es, auch Laien an das Buch der Weissagungen heranzuführen und ihnen einen modernen Kontext für ihre Fragen zu bieten. Wir hoffen, den Lesern einige der Hintergründe dieses einflussreichen philosophischen Texts näher bringen zu können. Im Zentrum unserer Bemühungen steht aber Teil Drei des Buchs, in dem wir im Zusammenhang mit jedem Hexagramm auf 20 Bereiche des menschlichen Lebens genauer eingehen. Der Leser wird ermutigt, spezielle Fragen zu stellen und sie auf diese Lebensbereiche zu beziehen. Eine genaue Anleitung hierzu findet sich im Abschnitt »Wie man das Orakel befragt« im ersten Teil des Buchs. Die 20 Lebensbereiche sind willkürlich ausgewählt. Um auch Fragen zu anderen Bereichen zu ermöglichen, bieten wir dem Leser zusätzliche Hintergrundinformationen zu jedem Hexagramm.

Für Chinesen ist es eine Tatsache, dass das I Ging ein sehr effektives und erfolgreiches Buch der Weissagung ist. Die Vorstellung, durch das Werfen von Schafgarbestängeln oder Münzen eine Reihe von Linien

zu erhalten, die eine Aussage über die Gegenwart und die Zukunft zulassen, ist für den westlichen Geist eher schwer zu akzeptieren. Wir versuchen aber nicht zu erklären, warum sich der Schlüssel kosmischer Einflüsse in den Hexagrammen verbirgt. Wir können hier nur unsere Interpretation der Hexagramme anbieten und hoffen, dass der Gebrauch unseres Texts zur Weissagung aus Skeptikern Gläubige macht.

In vielen orientalischen Ländern verwenden die Menschen kleine Handbücher wie dieses, da sie so handlich sind. So hoffen wir, dass auch unsere Leser diesen Leitfaden zum I Ging hilfreich in ihren Alltag integrieren können.

Wir möchten Liu Ta-yung unseren besonderen Dank für die Kalligraphien aussprechen, die jedes der Trigramme und Hexagramme einleiten.

Gary G. Melyan

Teil Eins

周易

Was ist das I Ging?

Das I Ging, auch das *Buch der Wandlungen* genannt, ist einer der »fünf konfuzianischen Klassiker«, ein Werk der Weissagung und der Philosophie und ein Kunstwerk. Es hat der chinesischen Kultur sehr viel Tiefe verliehen und tut dies nun auch für die westlichen Kulturen.

Kern des I Ging sind 64 Hexagramme. Jedes Hexagramm besteht aus sechs Linien, die entweder durchbrochen — — oder ganz —— (durchgezogen) sind, sowie dazugehörigen Texten und Kommentaren. Die grundlegende symbolische Einheit ist ein Trigramm. Die größtmögliche Anzahl von Trigrammen, die sich aus den verschiedenen Kombinationen der drei Linien ergeben können, ist acht. Aus den einzelnen Trigrammen lassen sich 64 Hexagramme zusammensetzen. Die Linien, Trigramme und Hexagramme symbolisieren die Kräfte des Handelns und der Wandlung und aller Phänomene des Universums. Es gibt zwei Arten von Linien: Die durchbrochenen repräsentieren die Kraft Yin und die ganzen (durchgezogenen) die Kraft Yang. Yin steht für das Negative, Passive, Schwache und Destruktive. Es ist fügsam und weiblich. Yang steht für das Positive, Aktive, Starke und Konstruktive. Es ist potent und männlich. In Sechser-

gruppen symbolisieren die Linien alle möglichen Situationen, Formen der Wandlung, Möglichkeiten und Institutionen. Die Idee dahinter ist, dass die Kräfte Yin und Yang ständig miteinander interagieren und Veränderungen herbeiführen – dass alle Dinge auf ewig miteinander verwoben und verbunden sind. Die einzig beständige Größe ist also die Wandlung. Das Universum wird von der Wirkung natürlicher Kräfte kontrolliert, die bestimmt und objektiv vorhergesagt werden können.

Ursprung dieses Werks ist der Wunsch, die Zukunft auf Basis der in den Hexagrammen symbolisch verkörperten Weisheit vorherzusagen. Das aus dem Chinesischen als »Wandlung« übersetzte Wort ist *i* 易, wird *ii* ausgesprochen und hat eigentlich drei grundlegende Bedeutungen: 1) Wohlgefühl und Einfachheit im Gegensatz zu allem Komplizierten; 2) Verwandlung und Veränderung bzw. Wandel; 3) Stabilität und Ruhe im Gegensatz zu allem Bedrohten, also Unveränderlichkeit. Diese Bedeutungen bilden in diesem Werk einen ständigen Unterton.

Die 64 Hexagramme werden von zwei Texten und Kommentaren gefolgt. Zusammen ergeben sie, was wir heute das I Ging nennen. In diesem Buch werden wir eher diesen Originaltitel als den übersetzten Titel verwenden.

Geschichte

Traditionell wird die Erstellung der grundlegenden acht Trigramme dem legendären Helden Fu Hsi zugeschrieben. Er soll alle Phänomene des Universums untersucht und alle bestimmenden Regeln oder Muster gefunden haben. Diese wurden dann symbolisch in die acht Trigramme übertragen. Die Überlieferung ist sich bei der Urheberschaft der 64 Hexagramme nicht einig. Einige schreiben sie Fu Hsi selbst, andere König Wen (ca.

1171–1122 v. Chr.) zu, dem Vater und Begründer der legendären Chou-Dynastie (1111–249 v. Chr.). Unabhängig davon sind sie sehr alt.

Der vorliegende Text soll eine Überarbeitung zweier älterer, heute verschollener Werke sein. Das erste heißt *Lien Shan,* »Zusammenstehende Berge«, und soll aus der Hsia-Dynastie (2183–1752 v. Chr.) stammen. Das zweite wird *Kuei Tsang,* »Zum Verschwundenen zurückkehren«, genannt und der Shang-Dynastie (1751–1112 v. Chr.) zugeschrieben. Heute sind nur noch die Titel der Bücher bekannt, und dass ihre Anordnung und Bezeichnungen der Hexagramme unterschiedlich waren.

Der alte Titel für das überlieferte Werk ist *Chou I;* es trägt also den Namen der Chou-Dynastie. Es wird entweder auf König Wen oder seinen Sohn, den Herzog von Chou, zurückgeführt. Aber welche Teile des Werks genau welcher historischen Person zuzuschreiben sind, ist zweitrangig. Viel wichtiger ist die Tatsache, dass der Text bis in die frühe Chou-Periode zurückgeht und dass es der Einfluss des Hauses Chou war, der das menschliche Schicksal in den Vordergrund rückte.

Den letzten Teil des Buchs nehmen die Hauptkommentare ein und er ist allgemein als die »zehn Flügel« bekannt. Er wird meist Konfuzius zugeschrieben, auch wenn die moderne Forschung dies bezweifelt. Aller Wahrscheinlichkeit nach sind die »zehn Flügel« das Werk vieler Hände und über einen langen Zeitraum – etwa vom 6. oder 5. bis zum 4. oder 3. Jhdt. v. Chr. – entstanden. Fest steht jedoch, dass Konfuzius sich im hohen Alter intensiv mit den Hexagrammen und Texten auseinander gesetzt hat. Daher ist es wahrscheinlich, dass die Kommentare den Stempel seines wachen Geists tragen und seine Beobachtungen spätere Kommentarschreiber beeinflussten.

Aber auch das Schicksal spielte eine Rolle beim Aufstieg des I Ging. Es war eines der wenigen Bücher, die der großen Bücherverbrennung von 213 v. Chr., die vom ersten Kaiser Chinas, Ch'in Shih Huang Ti, angeordnet wurde, entging. Viele Gelehrte nahmen sich daraufhin des I Ging mit großem Enthusiasmus an, da sie es als das letzte Werk ihres Berufstands ansahen. Dieser große Kommentarreichtum gehört heute zur Tradition des I Ging.

Auch die frühen chinesischen Astronomie- und Astrologie-Schulen haben zum I Ging beigetragen. Von ihnen rühren Vorstellungen wie die der Fünf Elemente (Metall, Holz, Wasser, Feuer, Erde), der Zehn Himmelsstämme, der Zwölf Tierkreiszeichen (auch bekannt als die

Zwölf Stundenzeichen oder Zwölf Erdzweige). In Kombination mit den 64 Hexagrammen bilden diese Konzepte seit der Han-Dynastie (206–220 v. Chr.) die Grundlage der Weissagungen des *I Ging.* Viele Gedankenschulen verwendeten das *I Ging,* um große staatliche Veränderungen vorauszusagen und geschichtliche Entwicklungen zu erklären. Dadurch erlangte das *I Ging* größere Bekanntheit und Verbreitung als die anderen Klassiker chinesischer Weisheit, was ihm eine herausragende und sehr lebendige Stellung in der Geschichte garantierte.

Aufbau des I Ging

Im Originaltext werden die 64 Hexagramme von zwei Texten sowie Kommentaren gefolgt. Die Texte sind der *Kua Tz'u,* die Erklärung des gesamten Hexagrammtexts, und der *Yao Tz'u,* die Erklärung der beteiligten Linien. Es gibt insgesamt sieben Kommentare. Der erste ist der *T'uan Chuan,* der Kommentar des *Kua Tz'u.* Er kommentiert die Entscheidung, die die Struktur der einzelnen Hexagramme verwendet, um die zu ihnen gehörigen Urteile zu erklären. Dann gibt es den *Hsiang Chuan* oder »Kommentar der Bilder«. Durch genauere Betrachtung der Bilder aus den primären Trigrammen gelangt dieser Kommentar zu einer abstrakten Deutung. Als nächstes folgt der *Wen Yen,* oder »Kommentar der Wörter des Texts«. Erhalten ist der Kommentar zu den ersten beiden Hexagrammen, der ihre philosophische Bedeutung unterstreicht.

Die nächste Ebene des Texts bildet der Kommentar *Tza Kua* oder »Verschiedene Notizen zu den Hexagrammen«. Hier werden die Namen der Hexagramme kurz definiert. Darauf folgt der Kommentar zur »Reihenfolge der Hexagramme«, *Hsü Kua.* Er bildet die Grundlage für die heutige Reihenfolge. Daran schließt sich der Kommentar »Diskussion der Trigramme«, *Shuo Kua,* an, der die acht grundlegenden Trigramme und ihre symbolische Bedeutung interpretiert.

Als Letztes folgt der Kommentar »Begleitendes Urteil«, *Hsi Tz'u,* der eine generelle Einführung in den Gesamttext bietet und Aussagen der konfuzianischen Schule zum *I Ging* wiedergibt. Die Kommentare *T'uan Chuan, Hsiang Chuan* und *Hsi Tz'u* bestehen je aus zwei Teilen und bilden gemeinsam mit den restlichen Kommentaren die so genannten Zehn Flügel.

Wie man das Orakel befragt

Das *Buch der Wandlungen* ist ein Orakel-Buch – ein System von Ideen, Naturgesetzen und Bildern, das Antworten über die Zukunft geben kann, wenn die Fragen richtig formuliert sind. Es gibt zwei Methoden zur Zusammenstellung der Hexagramme, aus denen die Antworten interpretiert werden. Bei der einen Methode verwendet man zum Erstellen der Hexagramme Schafgarbenstängel. Sie hat die längste Tradition und entstand wahrscheinlich, da an vielen heiligen Orten in Asien Schafgarbe wuchs. Da sie aber auch recht kompliziert ist, stellen wir sie in diesem Buch nicht vor. Die zweite Methode, der Münzwurf, ist wesentlich einfacher und daher auch praktikabler.

Traditionell verwendeten die Chinesen Kupfermünzen mit einem Loch in der Mitte, einer ungeprägten und einer geprägten Seite. Für die hier beschriebene Methode ist aber jede Münze geeignet.

Der Münzwurf

Man nimmt drei gleiche Münzen und legt fest, welche Seite *Yang* und welche *Yin* symbolisiert. So kann Kopf z. B. für *Yang* und Zahl z. B. für *Yin* stehen. Dann geht man in sich, konzentriert sich und stellt eine bestimmte Frage. Man schüttelt die Münzen kräftig und wirft sie in die Luft, um die unterste Linie des Hexagramms zu erhalten. Auf diese Weise baut man das Hexagramm mit seinen sechs Linien von unten nach oben auf.

Durch das Werfen der Münzen können sich vier verschiedene Linientypen ergeben. Zeigen alle drei Münzen Kopf *(Yang)*, ergibt sich eine alte bzw. eine veränderliche *Yang*-Linie, eine Wandlungslinie. Zeigen alle drei Münzen Zahl, handelt es sich um eine veränderliche *Yin*-Linie. Bei einmal Kopf *(Yang)* und zweimal Zahl *(Yin)* erhält man eine junge oder statische *Yang*-Linie. Dementsprechend ergibt einmal Zahl *(Yin)* und zweimal Kopf *(Yang)* eine junge, statische *Yin*-Linie.

Traditionell wurde der geprägten Seite der Münze der Wert Zwei zugeschrieben und sie stand für *Yin*. Die ungeprägte Seite erhielt den Wert Drei und stand für *Yang*. In der alten I Ging-Terminologie bedeutete also der Wert Sechs dreimal *Yin*, also eine veränderliche *Yin*-Linie, und der Wert Neun dreimal *Yang*, also eine veränderliche *Yang*-Linie. Der Wert

Acht ergab sich aus zwei *Yang*-Seiten und einer *Yin*-Seite und der Wert Sieben aus zwei *Yin*- oder Zahl-Seiten und einer *Yang*- oder Kopf-Seite. Der Wert Acht ergab also eine junge, statische *Yin*- und der Wert Sieben eine junge, statische *Yang*-Linie.

Eine Wandlungslinie verwandelt sich beim Aufbau des Hexagramms in ihr Gegenteil; aus *Yin* wird also *Yang* und umgekehrt. Das erste, ungewandelte Hexagramm beschreibt den Ist-

Zustand. Nach Wandlung aller veränderlichen Linien ergibt sich ein zweites Hexagramm, das auf die Zukunft hindeutet.

Wandlung ist allgegenwärtig und die Interaktion zwischen *Yin* und *Yang* hört nie auf. Wenn die *Yang*-Kraft ihren Zenith erreicht, verblasst sie und die *Yin*-Kraft übernimmt. Eine Linie mit dem Wert Neun repräsentiert also die Kraft *Yang* auf ihrem Zenith und wird daher auch als alte Linie bezeichnet. Da sie sich in eine *Yin*-Linie verwandeln wird, nennt man sie veränderliche *Yang*-Linie. Ebenso repräsentiert eine Linie mit dem Wert Sechs die Kraft *Yin* auf ihrem Zenith und damit eine alte, veränderliche *Yin*-Linie, die sich in eine *Yang*-Linie verwandeln wird. Bei den anderen beiden Linientypen befindet sich eine der beiden Kräfte immer noch auf dem Aufstieg, daher gibt es keine Veränderung.

Betrachtet man *Yin* (die Zahlseite der Münze) als weibliches Wesen und *Yang* (die Kopfseite der Münze) als männliches, wird deutlich, warum eine *Yin*-Seite und zwei *Yang*-Seiten eine *Yin*-Linie (durchbrochen) ergeben, und zwei Zahlseiten und eine Kopfseite eine *Yang*-Linie (fest). Denn ist eine Frau von zwei Männern umgeben, beherrscht sie die Situation. Sind aber zwei Frauen in Gegenwart eines Manns, beherrscht er die Situation.

Die folgende Liste ist eine schlichte Zahleninterpretation der Linien.

K = Kopfseite (ungeprägt) = 3

Z = Zahlseite (geprägt) = 2

K + K + K = 9 = wandelnde Yang-Linie

(feste Linie, Wandlung zu durchbrochener Linie)

Z + Z + Z = 6 = wandelnde Yin-Linie

(durchbrochene Linie, Wandlung zu fester Linie)

K + Z + Z = 7 = junge Yang-Linie

(fest, durchgezogen)

Z + K + K = 8 = junge Yin-Linie

(durchbrochen)

Eine sich wandelnde *Yang*-Linie wird als —o— notiert und eine sich wandelnde *Yin*-Linie als —×—. Eine junge *Yin*-Linie notiert man als — — und eine junge *Yang*-Linie als ——. Am besten notiert man die einzelnen Linien nach jedem Wurf und baut so das Hexagramm auf.

Beispiel: Beim ersten Wurf erscheinen eine *Yang*- (Kopf) und zwei *Yin*-Seiten (Zahl). Der Zahlenwert ist Sieben und man notiert ——. Der zweite Wurf ergibt drei *Yin*-Seiten (Zahl). Der Zahlenwert ist Sechs und man notiert —×—. Der dritte Wurf ergibt eine *Yin*- (Zahl) und zwei *Yang*-Seiten (Kopf), hat also den Zahlenwert Acht und wird als — — notiert. Der vierte Wurf ist wie der dritte und ergibt — —. Der fünfte Wurf ergibt drei *Yang*-Seiten (Kopf), also den Zahlenwert Neun und wird als —o— notiert. Der sechste Wurf entspricht dem ersten, ergibt also ——. Das resultierende Hexagramm ist Nr. 49 *I* (Der Gewinn). Dies ist die Ausgangssituation.

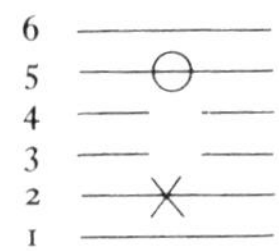

Wenn die Wandlungslinien (Linien Zwei und Fünf; von unten nach oben gelesen) sich gewandelt haben, zeigt das daraus entstehende Hexagramm die zukünftige Situation an. Linie Zwei ist eine alte *Yin*-Linie und wird

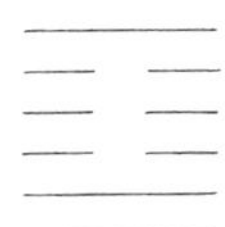

zu *Yang* und Linie Fünf ist eine alte *Yang*-Linie und wird zu *Yin.* Das resultierende Hexagramm ist Nr. 41 *Sun* (Der Verlust). Die Gegenwart beim Wurf der Münzen ist also durch die symbolische Bedeutung des Hexagramms »Der Gewinn« geprägt, während die Zukunft vom Hexagramm »Der Verlust« bestimmt ist. Kommt bei den Münzwürfen direkt ein Hexagramm ohne Wandlungslinien heraus, gibt dieses Hexagramm die Antwort auf die gestellte Frage.

Die Methode des Münzwurfs zum Aufbau der Hexagramme ist die einfachste und am weitesten verbreitete Methode zur Befragung des Orakels. Die Schwierigkeit liegt aber nicht darin, sondern in der Interpretation der Hexagramme und der dazugehörigen Texte. Viele Meister kombinieren ihre tiefe Kenntnis des *I Ging* mit den traditionellen Prinzipien der Fünf Elemente, der Zwölf Tierkreiszeichen und der Zehn Erdstämme. Die richtige Interpretation war immer und ist bis heute der Schlüssel zur richtigen Anwendung des Orakels. Die hier vorgestellte Interpretation liefert 20 grundlegende Situationen mit Antworten bzw. die notwendigen Grundlagen, um zu einer Antwort zu gelangen. Ebenso werden die Charakteristika der acht Trigramme und der 64 Hexagramme erläutert. Ein eingehendes Studium der Linienkomplexe führt zu einem Verständnis ihrer symbolischen Bedeutung.

Fragen und Interpretationen

Entscheiden Sie sich zunächst für eine Frage. Je präziser sie gestellt ist, desto besser. »Werde ich reich werden?« ist beispielsweise zu ungenau. Fragen Sie besser: »Werde ich mit Geschäft X Erfolg haben?« Auch Entweder-Oder-Fragen sind zu vermeiden – also Fragen wie: »Ist es besser nach Osten oder nach Westen zu gehen?« Fragen Sie stattdessen: »Was wird geschehen, wenn ich nach Osten gehe?« Einige Beispielfragen zeigen, was gemeint ist:

Was wird das Resultat sein, wenn man X tut?

Ist es in Situation X ratsam, Projekt Y durchzuführen?

Wie viele Tage (Wochen, Monate, Jahre) wird es dauern, um X zu erreichen?

Eine der häufigsten Fragen ist, ob ein bestimmtes Vorhaben oder eine Situation einen positiven Ausgang haben wird. »Ist es für mich günstig, X zu tun?« Die Antworten, die auf diese Frage passen, sind im

Chinesischen *chi* 吉 und *li* 利, die beide günstig, vielversprechend und vorteilhaft bedeuten, oder *hsiung* 兇, was ungünstig bedeutet.

Am besten werden Sie zuerst ruhig, konzentrieren sich auf Ihre Frage und werfen dann die Münzen. Ist das Hexagramm erstellt, können Sie seine Nummer in der Tabelle auf Seite 39 nachsehen und so im zweiten Teil des Buchs finden. Lesen Sie zunächst die allgemeine Erklärung zum Hexagramm und die Weissagung. Versuchen Sie dann, Ihre Frage einer der 19 übrigen Kategorien zuzuordnen. Sollte Ihre Frage zu keiner der Kategorien passen, können Sie eine Antwort ermitteln, indem Sie die Bedeutung der beiden Teiltrigramme in Teil Zwei des Buchs nachsehen und die Charakteristika des Hexagramms in Teil Drei genau nachlesen. Sollte Ihr Hexagramm Wandlungslinien enthalten, vergessen Sie nicht, sowohl das Ausgangs- als auch das resultierende Hexagramm zu konsultieren. Dabei repräsentiert das Ausgangshexagramm immer die Gegenwart und das resultierende immer die Möglichkeiten der Zukunft.

Neben dem oberen und dem unteren Trigramm enthält jedes Hexagramm auch zwei »innere« bzw. »Kerntrigramme«. Diese sind bei der Interpretation der Antworten wichtig. Am einfachsten lässt sich die Lage der Kerntrigramme anhand eines Diagramms erläutern.

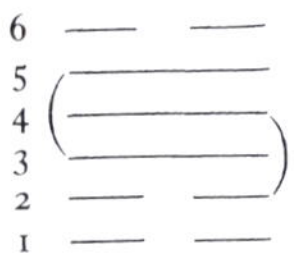

Hexagramm 31,
Hsien, aus den Trigrammen
Tui ☱ und *Ken* ☶

Von unten nach oben gezählt, ergeben sich die Kerntrigramme aus den Zeilen zwei, drei und vier – hier *Sun* ☴, und aus den Zeilen drei, vier und fünf – hier *Ch'ein* ☰. Aus diesen beiden ergibt sich das Hexagramm Nr. 44, *Kuo* (das Zusammentreffen). Neben den beiden Teiltrigrammen *Tui* ☱ und *Ken* ☶, aus denen sich das Hexagramm 31 zusammensetzt und dem Hexagramm selbst, muss man also auch die Bedeutungen, Bilder und Assoziationen der beiden Kerntrigramme und

dem aus ihnen zusammengesetzten Hexagramm beachten. Das hier resultierende Hexagramm *Kuo* bedeutet geschlechtliche Vereinigung oder Kontakt zwischen Mann und Frau, das dem Hexagramm *Hsien* die Bedeutung »Anziehung zwischen den Geschlechtern« verleiht. Geht es also um Heirat, ist *Hsien* vielversprechend.

Sollten die aufgeführten Kategorien einmal keine Antwort bieten, konsultieren Sie auch die Kerntrigramme. Denken Sie aber auch immer daran: Die Tradition besagt, dass die vom Hexagramm gegebene Antwort und die daraus abgeleitete Interpretation nur dann korrekt sind, wenn der Fragende ruhig und gesammelt ist, er sein Leben nicht leichtfertig lebt und keine verborgenen Ziele wie etwa das schnelle Geld verfolgt.

Immer mehr Menschen befragen das *I Ging* regelmäßig. Darunter finden sich so berühmte Persönlichkeiten wie die chinesischen Nobelpreisträger in Physik des Jahres 1957, Tsung Dao Lee und Chen Ning Yang, sowie der japanische Nobelpreisträger in Physik von 1949, Hideki Yukawa. Sie alle sagen, dass sie das *I Ging* zu allen wichtigen Phasen ihrer Forschung befragen.

Weiterführende Literatur

Dieses Buch ist als Einführung gedacht. Wer sich aber einmal mit der Materie vertraut gemacht hat, wird mehr in die Tiefe gehen wollen. Im englischen Sprachraum sind zwei Übersetzungen des *I Ging* weit verbreitet. James Legge, Übersetzer zahlreicher chinesischer Klassiker, beendete seine englische Bearbeitung des *I Ging* 1882. Ursprünglich erschien das Buch 1882 in Oxford bei der Clarenden Press mit dem Titel »The Yi-King« als Band 16 der Reihe *The Sacred Books of the East.* 1964 wurde es in einer Bearbeitung von Ch'u Chai und Winberg Chai mit einer Einführung und einem Studienleitfaden von der University Press, New Hyde Park, New York neu gedruckt. Die berühmteste deutsche Übersetzung des *I Ging* stammt ohne Zweifel von dem berühmten Sinologen Richard Wilhelm und erschien 1924 unter dem Titel *I Ging, Das Buch der Wandlungen* und wurde später von Cary F. Baynes ins Englische übersetzt. Die englische Ausgabe erschien zunächst in zwei Bänden und wurde 1950 in New York von Pantheon Books veröffentlicht. Die Princeton University Press hat es später als Band XXIX ihrer Bollingen-Reihe herausgebracht. Richard Wilhelms Sohn, Hellmut Wilhelm, seinerseits ein renommierter Sinologe, hat ebenfalls mehrere Bücher zum *I Ging* veröffentlicht, darunter auch seine ausgezeichnete Einführung: *Die Wandlung: Acht Essays zum I Ging* (1958), das in der englischen Übersetzung von Cary F. Baynes 1960 in New York bei Pantheon Books erschien.

Mit diesen Büchern sollte man beginnen, wenn man sich tiefer mit der Materie beschäftigen möchte, als unsere kurze Einführung es kann.

Tabelle der Hexagramme

周易

Oberes Trigramm

Unteres Trigramm	Ch'ien	K'un	Chen	K'an	Ken	Sun	Li	Tui
Ch'ien	1	11	34	5	26	9	14	43
K'un	12	2	16	8	23	20	35	45
Chen	25	24	51	3	27	42	21	17
K'an	6	7	40	29	4	59	64	47
Ken	33	15	62	39	52	53	56	31
Sun	44	46	32	48	18	57	50	28
Li	13	36	55	63	22	37	30	49
Tui	10	19	54	60	41	61	38	58

Teil Zwei

乾
坤
震
坎

Die acht Trigramme

艮
巽
離
兑

Im I Ging ist ein Trigramm ein Bild aus drei Linien. Es gibt zwei verschiedene Linientypen, die durchgezogenen —— und die durchbrochenen — — Linien. Daraus ergeben sich acht mögliche Dreierkombinationen. Werden die Linien zu Trigrammen kombiniert, verkörpern sie ein breites Spektrum an symbolischen Bedeutungen. Aus ihnen lassen sich wiederum 64 Konstellationen aus sechs Linien, die so genannten Hexagramme, zusammensetzen. Für die Weissagung ist das Hexagramm ausschlaggebend, dennoch kann man zu einer adäquaten Interpretation nur über ein Verständnis der einzelnen Bestandteile des Hexagramms gelangen.

Die Informationen zu den Trigrammen werden in folgender Reihenfolge gegeben: 1) eine latinisierte Umschrift des chinesischen Trigrammnamens nach dem Wade-Giles-System; 2) eine phonetische Umschrift des Trigrammnamens in Pinyin, einer von der Volksrepublik China 1958 eingeführten Umschrift; 3) Richard Wilhelms Übersetzung des Trigrammnamens; 4) das Trigramm selbst und 5) das chinesische Schriftzeichen des Trigramms.

Daran schließen sich die Situationen und Umstände an, die mit den einzelnen Trigrammen assoziiert werden.

1.

Chi'en

qian

Das Schöpfende

Aus drei festen Linien bestehend, symbolisiert dieses Trigramm den Himmel und somit das Noble, Erhabene und Feste. Es ist Licht im Gegensatz zu Dunkelheit und symbolisiert ebenso das Starke, sich Ausbreitende und Männliche. Es ist schöpferisch, aktiv und ständig in Bewegung. In *Chi'en* stehen sich Gegensätze gegenüber und es ist eine Zeit der Entscheidungskämpfe. *Chi'en* ist Energie, während sein direkter Gegensatz, das nächste Trigramm *Kun,* Form ist.

Menschen: Herrscher, Präsidenten, Könige, Diktatoren, Anführer, Weise, Religionsbegründer, Päpste, Kirchenälteste, Premierminister, Vorstandsvorsitzende, Kommandeure, Väter, Ehemänner und alte Männer.

Körperteile: Kopf, Gesicht, Lunge und Rippenfell.

Krankheiten: Kopfschmerzen, Verstopfung, Lungenerkrankung, Knochenbrüche, Fieber und Schwellungen.

Orte: Paläste, öffentliche Räume, Büros, Tempel, Schreine, Kirchen, Theater, Schulen, Militärlager, Märkte, Berge, Mauern und Festungen, Beobachtungsplattformen, Rennbahnen, Stadien und Wettkampfbahnen.

Berufe: Staatsdienst, Militär, Tätigkeiten rund um Maschinen, Sportgeräte, Edelmetalle, Obst und Uhren.

Gegenstände: Edelsteine und Edelmetalle, Uhren, Briefmarken und Siegel, Autos, Straßenbahnen, Fahrräder, Nähmaschinen, Maschinengewehre, Mäntel, Hüte, Regenschirme, Moskitonetze, Handtaschen, Mottenbezüge, Kleidung, Stoffbezüge, Briefkästen.

Nahrungsmittel: Reis, Bohnen, Konserven, frisches Obst.

Tiere: Pferde, Drachen, Tiger, Löwen.

Pflanzen: Chrysanthemen, frische Früchte, Kräuter.

Jahreszeit: Später Herbst und früher Winter, die Zeiten, wenn Gegensätze sich begegnen.

Wetter: Klar, kalt.

Farbe: Kräftiges Rot.

Himmelsrichtung: Nordwest.

Verschiedenes: Runde Formen, Fülle und Reichtum, schnelle Fortschritte, Wohltätigkeit und Spenden, Glück und Zufriedenheit, Tapferkeit und Heldentum kurz vor Mitternacht, Entschlossenheit, Wohlstand und hohe Position, Ehre, Stolz, Luxus, Kälte, Eis, die Farbe Weiß, saurer Geschmack.

2.
K'un
kun
Das Empfangende

☷ Dieses Trigramm besteht aus drei durchbrochenen Linien. Es symbolisiert die Erde, eine große weite Fläche, die Unmengen von Pflanzen hervorbringen kann. Daher bedeutet es auch Mutter. Die Menschen treten die Erde mit Füßen und bespucken sie, aber sie müht sich weiter ab. Daraus werden die Bedeutungen sanft, ertragreich, beständig, hingebungsvoll und hart arbeitend abgeleitet. Da die Erde sich aus vielen kleinen Partikeln zusammensetzt, bedeutet das Trigramm ebenfalls Masse und Mehrheit. Steht der Himmel für Erhabenheit, Einsamkeit und Noblesse, so symbolisiert die Erde Demut, Bescheidenheit und Hingabe. Daher bedeutet *K'un* auch arm, niedrig und untergeordnet. Es ist eher passiv als aktiv und steht für Dunkelheit im Gegensatz zu Licht. Es ist eine Zeit der ruhigen, friedvollen Arbeit.

Menschen: Das Volk, die Menge, Gruppen, Mütter, alte Frauen, Ehefrauen, Arbeiter, fleißige Menschen, Handwerker, von Armut Heimgesuchte, Untaugliche, Unwissende.

Körperteile: Milz, Magen, Unterleib.

Krankheiten: Erkrankungen des Verdauungstrakts.

Orte: Felder, Bauernhöfe, leere Landstriche, unkultivierte Wildnis, Slums.

Berufe: Geburtshelfer, Gastroenterologen, Antiquitäten- und Kuriositätenhändler.

Gegenstände: Baumwollkleidung, Hosen, Stuhlkissen, Laken, Matten, Matratzen, Quadratisches, Schachbretter, Kästen, Koffer, Wasserkocher, Kutschen. Da die Erde auch Grundlage aller Dinge ist, steht sie symbolisch für alle Dinge auf einer unteren Ebene.

Nahrungsmittel: Gemahlene Lebensmittel, Süßkartoffeln, Tarowurzeln, Weizen, Zucker, Nachspeisen und Süßigkeiten.

Tiere: Kühe, Stuten, Kälber, Ameisen.

Pflanzen: Blütenpflanzen.

Jahreszeit: Spätsommer, Frühherbst, die Zeit der Reife.

Wetter: Bewölkt.

Farbe: Tiefes Schwarz.

Himmelsrichtung: Südwest.

Verschiedenes: Wärme, Nachmittag, Gelb, süße Aromen, quadratische und flache Formen, Geiz, Vorsicht, Fülle, Ruhe, Respekt oder Ehrfurcht, Bescheidenheit.

3.
Chen
zhen
Das Erregende

Chen symbolisiert den Beginn von Energie und Bewegung. Es ist das Erregende, der Initiator des Lebens und die Geschwindigkeit. Die Himmelsrichtung des *Chen* ist der Osten. Wenn die Sonne im Osten aufgeht, breitet sich ein Gefühl der Vitalität und Lebensfreude auf der Erde aus. Es ist also die Zeit der Blüte, des sich Ausbreitens und des Neubeginns. Dies deutet auf neue Vorhaben oder Berufswechsel hin. *Chen* steht auch für Donner und Erdbeben und symbolisiert so auch Schockierendes und Erstaunliches.

Die unterste Linie ist eine *Yang*-Linie, eine eher helle als dunkle Linie. Ihre Position macht dieses Trigramm zu einem der drei hellen Trigramme, die die drei Söhne symbolisieren.

Menschen: Prinzen, Prominente, älteste Söhne, junge Menschen, Neureiche, Aufsteiger.

Körperteile: Füße, Leber, Hals.

Krankheiten: Hysterie, Spasmen, Krämpfe und ähnliche Erkrankungen, Phobien, Beschwerden der Leber und der Füße, Nervenerkrankungen.

Orte: Wälder, umgebaute oder modernisierte Gebäude, Konzerthallen, Telekommunikationsbüros, Sendeanstalten, Hörsäle, Auditorien, Stromkraftwerke, Stromversorgungsunternehmen, Schießpulverfabriken.

Berufe: Telefonist, Telegrafist, Techniker, Ingenieur, Musiker, Personal von Rundfunkanstalten und Sprecher, Angestellte im Musik- und Instrumentenhandel, Waffen- und Munitionshersteller und -händler.

Gegenstände: Knallkörper, Feuerwerksraketen, Handfeuerwaffen, Gewehre, Raketen, Schießpulver, Klaviere, Orgeln, Trompeten, Schallplatten, Klarinetten, Schallplattenspieler, Saiteninstrumente, Flöten, Trommeln, Glockenspiele, Gongs, Harmonien, Telefone.

Nahrungsmittel: Grüne Gemüse, Bohnensprossen, Pomelos, Grapefruit, Zitronen, Bambussprossen, Pflaumen.

Tiere: Adler, Schwalben, Kanarienvögel, Lerchen, Zikaden, Bienen, Grillen, Tausendfüßler, Spinnen, Frösche.

Pflanzen: Bäume, grüne Gemüsepflanzen, Bambus, sprossende oder blühende Pflanzen.

Jahreszeit: Frühling.

Wetter: Klares Wetter, Donner, Sturm.

Farbe: Grün oder die Farbe von etwas Jungem, Neuem.

Himmelsrichtung: Osten.

Verschiedenes: Entscheidung, Kampf und Entschlossenheit, Frivolität, Säure, Sonnenaufgang, Fliegen, Frische, Vorlesungen, Satellitenstarts.

4.

K'an

kan

Das Abgründige

Beim zweiten hellen Trigramm liegt die *Yang*-Linie in der Mitte. *K'an* ist ein Symbol des Wassers. Regen fällt vom Himmel und schlägt auf Felsen und Riffe. Manchmal fällt er auf Bäume und Gras. Die Tropfen vereinigen sich, schwellen an und laufen ins Meer. Daher bedeutet *K'an* auch Ärger, Gefahr, Mühsal, Traurigkeit und Fluten. Darüber hinaus steht es für die Anhäufung und das Sammeln von Dingen, beginnend mit einer kleinen und zu einer großen Menge gelangend.

Wasser fließt von höheren Lagen in tiefere herab. So symbolisiert *K'an* auch das Abgründige, Niedrige, den Untergrund und das tief Liegende. Im alltäglichen Leben bedeutet es Armut, Bedürftigkeit, Sorgen und Krankheit. Es ist das Stechende und Eindringende. Auf der positiven Seite bedeutet dies aber auch, dass Beharrlichkeit zum Erfolg führt.

Menschen: Mittlere und zweitgeborene Söhne, Männer mittleren Alters, Banditen, Diebe, »schlechte Menschen«, Sünder, Kranke, Blinde, von Sorgen und Nöten Geplagte, sich Schindende, Ehebrecher, Geliebte, Sexsüchtige, Tote.

Körperteile: Ohren, Anus, Nasenlöcher, Geschlechtsorgane, Blut, Nieren, Schweiß, Tränen.

Krankheiten: Nierenleiden, Ohrenschmerzen, Geschlechtskrankheiten, Hämorrhoiden, Alkoholismus.

Orte: Große Flüsse, Bankett- und Versammlungshallen, Beerdigungsinstitute, Krankenhäuser, Rehabilitationszentren, Heilquellen, Kurorte, Bordelle, Höhlen, kalte Orte, Wasserwerke, Aquarien, Feuerwehrgebäude, Wasserfälle, heiße Quellen.

Berufe: Barkeeper, Badehauspersonal, Personal von Färbereien, Bordellen oder Milchbars, Prostituierte, Fischer.

Gegenstände: Hosenbund, Tinte, Öl, Anstriche und Medikamente.

Nahrungsmittel: Wein, Suppe, Getränke, Salz, Sojasauce, Seetang, Lotuswurzeln, Sashimi (roher Fisch).

Tiere: Fuchs, Ratten, Fledermäuse, Eber.

Pflanzen: Pflaumen, Osterglocken, Narzissen, Algen, Harthölzer.

Jahreszeit: Winter

Wetter: Regen, Fluten, kaltes, wolkiges, dunkles Wetter.

Farbe: Blutrot und Schwarz.

Himmelsrichtung: Norden.

Verschiedenes: Risiken, Gefahren, Gerissenheit, Listigkeit, Salzigkeit, Weisheit und Intelligenz, Sorgen, Gedanken, verborgene Verbrechen und uneingelöste Schuld, soziale wie sexuelle Kontakte, Diebstahl, Mond, Mitternacht, Melancholie, psychische Erkrankungen.

5.

Ken

gen

Das Stillhalten

☶

Das dritte helle Trigramm, bei dem die *Yang*-Linie oben liegt, symbolisiert Berge. Da Berge sich nicht bewegen, sondern statisch sind, trägt *Ken* auch die Bedeutungen der Bewegungslosigkeit, Ruhe, des Anhaltens, Ausruhens, Innehaltens und der Unterbrechung. Da Berge sich aus vielen Erdschichten zusammensetzen, bedeutet *Ken* darüber hinaus Anhäufung. Da *Ken* bei Pflanzen auch die reife Frucht, also die Erfüllung des Pflanzenlebens bedeutet, hat es zudem die Bedeutung der Vollendung gewonnen.

Menschen: Jüngste Söhne, Jugendliche, Übergewichtige, Bucklige (Menschen mit Rückgratverkrümmungen), Habsüchtige, Faule, reiche Geizhälse, Strafgefangene und Verurteilte.

Körperteile: Rücken, Taille, Nase, Hände, Finger, Gelenke, fleischige Tumore.

Krankheiten: Seitenstiche, Arthritis, Ermüdungserkrankungen, Nasen-infektionen.

Orte: Gebäude, Türen, Tore, Pfade, Mauern, Gräber, Hotels, Garagen, Deiche, Treppen, hoch gelegene Bühnen und Plattformen.

Berufe: Mönche, Taoisten, Geistliche (Priester, Pfarrer, Rabbiner usw.), Beschäftigte im Restaurantgewerbe.

Gegenstände: Gelagertes oder Aufgestapeltes, Bildschirme, Tische, Bausteine.

Nahrungsmittel: Haltbar gemachte Lebensmittel, Süßigkeiten.

Tiere: Hunde, Ratten, Stiere, Ochsen, Tiger.

Pflanzen: Baumfrüchte.

Jahreszeit: Spätwinter und zeitiges Frühjahr.

Wetter: Wolkig, wechselhaft.

Farbe: Dunkles Gelb.

Himmelsrichtung: Nordosten.

Verschiedenes: Süße, Zwielicht (zu Tagesbeginn), Unpünktlichkeit, Langsamkeit, Sturheit, Aufrichtigkeit und Offenheit, Unabhängigkeit, Hochmut, Frugalität, Sparsamkeit.

6.
Sun
sun
Das Sanfte

Nach den drei hellen Trigrammen folgen nun die drei dunklen, die drei Töchter. Die dunkle Linie (die *Yin*-Linie) liegt bei *Sun,* dem sechsten Trigramm unten, beim siebten in der Mitte und beim achten und letzten oben.

Die älteste Tochter, *Sun,* symbolisiert den Wind. Er legt weite Strecken zurück, warum *Sun* für lange Distanzen und entfernte, entlegene Orte steht. Der Wind gelangt auch überallhin, woher die Bedeutung der Durchdringung stammt. Da der Wind aber ebenso die Luft bewegt und in Bewegung hält, bedeutet *Sun* zudem Austausch und Interaktion. Interaktion und Austausch erinnern an Ehe, Handel und Kreditwesen. Darüber hinaus bedeutet *Sun* hoher Baum oder Wald.

Es steht für ausdauernde Arbeit und Kraft. Allgemein deutet es auf Reinheit, Vollständigkeit und ruhige Kontemplation hin, kann aber auch Unentschiedenheit bedeuten.

Menschen: Geschäftsleute, Reisende, älteste Töchter, Schwestern.

Körperteile: Gesäß, Oberschenkel, Ellenbogen, innere Organe, Nervenbahnen, Verdauungstrakt, Augen.

Krankheiten: Erkältungen, Verdauungsstörungen, Magenbeschwerden, Magen- und Darmerkrankungen.

Berufe: Beschäftigte von Transport- und Baufirmen, Zimmerer, Reise-, Fremden- und Bergführer, Stuckateure, Maurer.

Gegenstände: Stricke, Fäden, Drähte, Seile, Tische, Bauholz, Schienen, Stifte, Streichhölzer, Schubladen, Schaukeln, Postalisches, Ventilatoren.

Nahrungsmittel: Weizennudeln, Zwiebeln, Lauch, Knoblauch, grüne Gemüse.

Tiere: Hahn, Hühner, Kraniche, Schlangen, Erdwürmer, Chi-Lin (Drachenpferd, dem Einhorn ähnelndes Fabeltier).

Pflanzen: Gras, Weide, Schilfrohr, Binsen, Lilie, Kalmus.

Jahreszeit: Zwischen spätem Frühjahr und Frühsommer.

Wetter: Windig und wolkig.

Farbe: Weiß.

Himmelsrichtung: Südosten.

Verschiedenes: Wolken, Vormittag (von 7–11 Uhr, die Zeit harter Arbeit), Grün, ordentliche Erscheinung, Länge und Höhe, Gehorsamkeit, Anpassungen, Hochzeitsvorbereitungen, Reise, Kündigung und Entlassung, entfernte und entlegene Orte, Zögern.

7.
Li
li
Das Haltende

Das zweite dunkle Trigramm, die zweite oder mittlere Tochter, symbolisiert Feuer und die Sonne. Daraus ergibt sich eine Fülle an Assoziationen: Helligkeit, Brillanz, Schönheit, Grausamkeit und Unglücke wie Feuer, Dürre und Trennung. *Li* steht aber auch für gefährliche Waffen und für Kampf. Zudem bedeutet dieses Licht ausstrahlende Trigramm Wahrnehmungsvermögen.

Menschen: Mittlere Töchter, Frauen mittleren Alters, Schönheiten, weise und intelligente Menschen.

Körperteile: Augen, Herz, Geist (Energie), Brüste, Blut

Krankheiten: Augenerkrankungen, psychische Erkrankungen, hohes Fieber, Herzerkrankungen, Kopfschmerzen.

Orte: Polizeireviere, Leuchttürme, Feuerwehrstationen, Kaufhäuser, Theater, Schulen, Gerichte, Innenstädte, Schlachtfelder, Brandorte.

Berufe: Schriftsteller, Künstler, Kunsthandwerker, Augenarzt, Polizist, Kriegskorrespondent, Soldat, Menschen, die beruflich mit Munition zu tun haben oder in Kaufhäusern, Friseurläden, Schönheitssalons oder Buchhandlungen arbeiten.

Gegenstände: Gemälde, Kalligrafien, Bücher, Ornamente und Dekorationen, elektrisches Licht, Kerzen, Lampen, Töpfe, Wasserkocher, Wertpapiere, Schecks, Anleihen, Panzerung und Waffen.

Nahrungsmittel: Trockene Nahrungsmittel, Schildkröten, Austern, Muscheln und Schalentiere, Krabben, dekorativ arrangierte und bunte Nahrungsmittel.

Tiere: Fasane, Hühner, Goldfische, Leuchtkäfer, Krabben, Hummer, Schildkröten, Schnecken, Muscheln, Weichtiere.

Pflanzen: Kreppmyrte, Ahorn, Schwarznessel, Wassermelone und rote Pflanzen.

Jahreszeit: Sommer.

Wetter: Klare, warme oder heiße Tage, Dürren.

Farbe: Rot und Lila.

Himmelsrichtung: Süden.

Verschiedenes: Mittag, Helligkeit, Blitz, Radikalität, Brutalität, Nervosität, Impulsivität, Intelligenz, Leidenschaft, Enthusiasmus, Elektrizität, Regenbogen, bitterer Geschmack.

8.

Tui

dui

Das Heitere

Das letzte dunkle Trigramm, die jüngste Tochter, ist das Symbol des jungen Mädchens, des Glücks, der Freude und der Heiterkeit. *Tui* ist Symbol der Sümpfe und niedrig liegenden Orte und steht für Unzulänglichkeit, Unvollständigkeit, Unangemessenheit, Fehlerhaftigkeit und Dinge, die ausgehöhlt oder eingekerbt sind. Mit diesem Trigramm assoziiert man Reflexion, Verlockung, Zerstörung und Ruin. Da *Tui* für das Angenehme und Schöne steht, ist damit die zerstörerische Wirkung von zu starkem Genuss gemeint.

Menschen: jüngste Töchter, junge Mädchen, junge Frauen, Freundinnen, weibliche Berühmtheiten, Sängerinnen, Bardamen, Hostessen, Prostituierte, Konkubinen, Zauberinnen, Hexen und inkompetente und schwache Menschen.

Gegenstände: Messer, Klingen, Geld, Musikinstrumente.

Körperteile: Mund, Lunge, Atmungsapparat, Brust, Zähne.

Krankheiten: Erkrankungen der Mundhöhle, Erkrankungen im Brust- und Rumpfbereich.

Orte: Täler, Teiche, Sümpfe, Moore, Flachland, Mulden, Gräben, Flussufer, Wasserreservoirs, tiefe Seen, Bars, Kneipen, Getränkeläden, Bordelle und Rotlichtbezirke.

Berufe: Rechtsanwälte, Lektoren, Beschäftigte im Finanzwesen oder in Bars und Kneipen.

Nahrungsmittel: Kaffee, Tee, Wein, Alkohol, Hammelfleisch, Geflügel.

Tiere: Schafe, Vögel, Affen.

Pflanzen: herbstblühende Pflanzen, Chinesische Glockenblumen, Magnolien, Pflanzen mit pfeffrigem, würzigem oder scharfem Geschmack wie Ingwer oder rote Pfefferschoten, an Sumpf-, Moor- oder Seerändern wachsende Pflanzen.

Jahreszeit: Herbst.

Wetter: Regnerisch.

Farbe: Weiß und Gold.

Himmelsrichtung: Westen.

Verschiedenes: Scharfer, würziger und pfeffriger Geschmack, Abende mit Zwielicht, Gesang und Lieder, Auseinandersetzungen, Beschädigung und Zerstörung, Rückschläge und Versagen, Tau, Schnee, Sanftheit, Glück, zeitaufwändiges Interesse oder Hobby, Gelächter, eine »große Klappe«, Rechtsstreitigkeiten und Gerichtsverfahren, sexuelle Leidenschaft oder Lust, Sprache.

Teil Drei

Die 64 Hexagramme:

Erläuterung und praktische Anwendung zur Weissagung

Zu jedem der 64 Hexagramme findet der Leser einen kurzen Text, der die symbolische Bedeutung des Hexagramms und seine Implikationen für die Weissagung und die im Anschluss aufgeführten Alltagssituationen erklärt.

Wer sich intensiv mit diesen Texten auseinander setzt, wird die Symbolik der Hexagramme auf weit mehr als die hier aufgeführten Alltagssituationen übertragen können. Denn der Schlüssel zum Gebrauch der Hexagramme liegt im Verständnis der fundamentalen Konzepte, die in ihnen enthalten sind.

Die Hexagramme zeigen uns unsere gegenwärtige Situation und Möglichkeiten, die unsere Zukunft bringen kann. So können sie eine Basis für richtiges Handeln darstellen.

Für eine richtige Anwendung der Hexagramme muss man aber immer die Hinweise zu ihrer Verwendung (S. 32–35) beachten.

In diesem Buch erhalten Sie zu jedem Hexagramm die folgenden Informationen: 1) die Nummer des Hexagramms, 2) das Hexagramm selbst, 3) die latinisierte Umschrift nach dem Wade-Giles-System, 4) die Aussprache-Umschrift nach dem *Pinyin*-System, 5) Richard Wilhelms Übersetzung des Hexagrammnamens und 6) das oder die chinesischen Schriftzeichen für das Hexagramm.

Die Primär- und die Kern-Trigramme jedes Hexagramms werden für den Leser anschaulich aufgelistet. Das untere Primär-Trigramm besteht aus den Zeilen 1, 2 und 3, das obere aus den Zeilen 4, 5 und 6. Die Kern-Trigramme werden aus den Linien 2, 3 und 4 (unten) und 3, 4 und 5 (oben) gebildet.

HEXAGRAMM 1

Ch'ien

qian

Das Schöpferische

Primär	*oben*	*Ch'ien*	*Das Schöpferische*
	unten	*Ch'ien*	*Das Schöpferische*
Kern	*oben*	*Ch'ien*	*Das Schöpferische*
	unten	*Ch'ien*	*Das Schöpferische*

Ch'ien ist Symbol des Himmels und der schöpferischen Kraft. Es besteht ausschließlich aus *Yang*-Linien, sodass alle in ihm enthaltenen Trigramme, sowohl die primären als auch die Kerntrigramme, ebenfalls *Ch'ien* sind. Es ist der Zenith der *Yang*-Kraft, ist hell, stark und aktiv und deutet auf Handlungskraft und Ausdauer. Im weiteren Sinn steht *Ch'ien* für das sich ständig wandelnde Universum und impliziert Wetteifer auf dem himmlischen Weg, fleißiges Tagewerk und ständige harte Arbeit. Das *I Ging* möchte eine Verbindung zwischen den Prinzipien von Himmel und Erde und dem Leben der Menschen herstellen. So steht *Ch'ien* auch für den himmlischen Weg und das zweite Hexagramm, *K'un*, erklärt den irdischen Weg. Und so bilden Himmel und Erde den Anfang des *I Ging*.

Ch'ien symbolisiert Wohlstand und die Blüte und Stärke aller Dinge. Aber auf dem Höhepunkt von *Yang* muss *Yin* ins Leben treten. Daher ist Vorsicht ratsam. Unvorhergesehenes sollte gemieden werden.

Die Weissagung

Alles läuft nach Plan. Wohlstand und das Erlangen von Ruhm und Reichtum. Selbstgefälligkeit, Selbstzufriedenheit, Arroganz und Anmaßung werden jedoch ins Unglück führen. Daher sollten Sie vorsichtig sein und alles mit Bedacht angehen.

Wunsch: Kann erreicht werden. Handeln Sie aber offen und bescheiden.

Ehe: Der Mann wird ein guter Ehemann. Wer aber zu hoch hinaus will, wird scheitern.

Liebe: Erfolg ist möglich. Sind aber beide Seiten egoistisch, wird auch die Freundschaft zu Bruch gehen.

Familie: Glücklich und gedeihend. Arroganz und Verschwendung führen aber in den Ruin.

Kinder: Gesund, mit Glück und Talent gesegnet, dürfen aber nicht verwöhnt werden. Mehr Jungen als Mädchen. Schwangerschaft: Junge.

Kredit: Kein Problem, erfordert aber große Sorgfalt im Umgang.

Geschäft: Sie werden Profit erlagen, sollten aber nicht versuchen, ihn künstlich zu steigern.

Börse: Die Preise sind hoch, werden aber bald fallen: verkaufen.

Lebenserwartung: Langes und gesundes Leben. Aber man muss täglich auf sich Acht geben, sonst kann die Gesundheit leiden. Besondere Vorsicht bei Erkrankungen im Brust- oder Kopfbereich.

Krankheit: Relativ ernster Zustand. Durch gute Grundkonstitution, Ruhe und Erholung kann aber eine vollständige Genesung erreicht werden. Besonders Erkrankungen im Brust- und Kopfbereich.

Auf jemanden wartend: Derjenige, der kommt, ist freundlich und bringt Freude.

Nach jemandem suchend: Ein Bild großer Entfernung. Diese Suche wird lange dauern. Gehen Sie in nordwestlicher Richtung.

Verlorener Gegenstand: Sie werden ihn finden, müssen aber Geduld aufbringen. Sie müssen in nordwestlicher Richtung suchen oder im nordwestlichen Bereich.

Reise: Günstig.

Streitigkeiten: Ist Ihr Anliegen vernünftig, werden Sie gewinnen. Argumentieren Sie irrational und unvernünftig, wird das Ergebnis sehr negativ ausfallen.

Beruf: Seien Sie gründlich und fleißig. Ein Schritt nach dem anderen wird Sie an Ihr Ziel bringen. Eine Beförderung ist möglich, Sie müssen aber vorsichtig sein.

Prüfungen: Gute Note. Sie dürfen aber nicht lasch oder faul an die Sache herangehen.

Neues Geschäft, Berufswechsel oder Spezialisierung, Umzug: Sie sollten beim Derzeitigen bleiben. Dennoch sind neue geschäftliche Unternehmungen vielversprechend.

Wetter: Klar.

HEXAGRAMM 2

K'un

kun

Das Empfangende

Primär	*oben*	*K'un*	*Das Empfangende*
	unten	*K'un*	*Das Empfangende*
Kern	*oben*	*K'un*	*Das Empfangende*
	unten	*K'un*	*Das Empfangende*

Das Hexagramm *K'un* ist das Symbol der Erde und repräsentiert Hingabe, Sanftheit, Unterwürfigkeit und Gehorsam. Es steht für Dunkelheit und das Mütterliche. *K'un* ist das direkte Gegenteil des ersten Hexagramms *Ch'ien.* Es besteht ausschließlich aus *Yin*-Linien. Die Kraft *Yang* repräsentiert das Gebende, einen starken und harten Charakter und positive Bewegung und Fortschritt, während *Yin* für das Nehmende, Nachgiebigkeit, Negativität und Passivität steht. Wer also dieses Hexagramm als Ergebnis erhält, sollte seine Aufgabe und Pflicht erfüllen, folgsam sein und dem Rat der Älteren folgen. Durch Beharrlichkeit und Durchhaltevermögen werden sich dann in naher Zukunft Perspektiven zeigen.

Die Weissagung

Seien Sie nicht unbesonnen und handeln Sie nicht rücksichtslos oder überstürzt. Halten Sie sich an die Gegenwart. Erfüllen Sie Ihre Pflichten gründlich und mit Bedacht. Folgen Sie dem Rat der Älteren und Weiseren und Sie werden davon profitieren.

Wunsch: Wird nicht sofort in Erfüllung gehen. Seien Sie aber nicht ungeduldig oder nervös. Wenn Sie Schritt für Schritt vorangehen und beharrlich bleiben, ist Erfolg möglich.

Ehe: Eine bescheidene, ergebene und nachgiebige Braut.

Liebe: Erfolg ist möglich, Sie dürfen aber nicht egoistisch sein und die Gefühle des anderen nicht missachten. Ungeduld und ungestümes Verhalten führen zum Scheitern.

Familie: Gesund, munter und glücklich.

Kinder: Viele Kinder. Vertragen sich, sind glücklich. Mehr Mädchen als Jungen. Schwangerschaft: Mädchen.

Kredit: Kann nicht sofort zurückgezahlt werden. Sie können Ihre Ziele durch Geduld und Beharrlichkeit erreichen.

Geschäft: Sie sollten nicht überstürzt handeln. Warten Sie eine bessere Gelegenheit ab.

Börse: Preise sind niedrig; kaufen Sie jetzt und warten Sie auf die richtige Gelegenheit zum Verkauf.

Lebenserwartung: Körperliche Schwächen; wenn Sie aber auf sich achten, können Sie ein langes Leben genießen.

Krankheit: Beschwerden im Unterleib. Nicht wirklich gefährlich, können aber bei Vernachlässigung chronisch werden.

Auf jemanden wartend: Die Person wird nicht sofort kommen, aber vielleicht ein paar Tage später.

Nach jemandem suchend: Die Person ist in der Nähe, schauen Sie nach Südwesten.

Verlorener Gegenstand: Wenn er nicht im Haus ist, ist er verloren. Suchen Sie im Südwesten.

Reise: Für eine Weile besser keine Reise unternehmen.

Streitigkeiten: Nicht vorteilhaft, besser einen Kompromiss suchen.

Beruf: Eine Anstellung kann nicht schnell gefunden werden. Sie müssen auf den richtigen Moment warten.

Prüfungen: Durchschnittliche Noten.

Neues Geschäft, Berufswechsel oder Spezialisierung, Umzug: Jetzt ist nicht der richtige Zeitpunkt. Warten Sie auf den richtigen Moment.

Wetter: Beständig wolkig oder regnerisch.

HEXAGRAMM 3

Chun

zhun

Die Schwierigkeit

Primär	oben	K'an	Das Abgründige
	unten	Chen	Das Erregende
Kern	oben	Ken	Das Stillhalten
	unten	K'un	Das Empfangende

Chun ist das Symbol für den Anfang aller Dinge. Wie eine junge Knospe, die heftigen Winden noch nicht widerstehen kann, ist die Situation zu Anfang von Schwierigkeiten und Hindernissen geprägt. Stehen Sie die gegenwärtigen Schwierigkeiten durch und arbeiten Sie sich still voran. Ihre Probleme werden sich von alleine lösen und ein Wandel zum Guten wird sich ergeben.

Die Weissagung

Wenn Sie ein Geschäft begründen, werden Sie anfangs viele Schwierigkeiten haben. Handeln Sie weder überstürzt noch blind. Sie müssen Kraft haben und Entschlossenheit zeigen. Wenn Sie sich wirklich ins Zeug legen, werden Ihre Anstrengungen sich langsam auszahlen und Erfolg zeigen.

Wunsch: Schwer zu realisieren. Geduld und Beständigkeit sind für die Erfüllung notwendig.

Ehe: Schwierig. Hoffnungsvoller bei späten Ehen.

Liebe: Viele Hindernisse und Schwierigkeiten für Liebende. Geduld und Treue sind notwendig.

Familie: Berg- und Talfahrten, unstabil, schwierig. Wer aber Harmonie erreicht, kann auch Wohlstand und Glück erlangen.

Kinder: Viele Kinder. Anfangs ist es schwer, Not zu vermeiden. Später folgt die Wendung zum Besseren. Schwangerschaft: Junge.

Kredit: Kann nicht einfach erlangt werden. Die beste Chance ist geduldige, fleißige Arbeit und am Ball bleiben.

Geschäft: Wird nicht nach Erwartung laufen. Nervosität, Ungeduld und Impulsivität helfen nicht. Warten Sie auf den richtigen Augenblick.

Börse: Anhaltende Baisse.

Lebenserwartung: Im jungen Alter schwache Konstitution. Wer auf seinen Körper achtet, wird nach der Volljährigkeit stärker.

Krankheit: Schwere und lange Erkrankungen. Hoffnung liegt in der allmählichen Heilung. Erkrankungen der Ohren, der Nase, des Herzens, der Leber sowie Neurosen.

Auf jemanden wartend: Wird nicht bald kommen. Wird erst nach langer Zeit auftauchen.

Nach jemandem suchend: Die gesuchte Person leidet. Es ist unklar, welche Richtung sie genommen hat oder wo sie ist.

Verlorener Gegenstand: Ist noch im Haus, Raum, Büro. Sollten Sie zu lange suchen müssen, werden Sie ihn nicht wiederfinden. Jemand anderes wird ihn finden und Sie werden den Gegenstand nie wiedersehen. Suchen Sie im Osten oder Norden.

Reise: Probleme und Verspätungen. Bleiben Sie besser daheim.

Streitigkeiten: Zeitaufwändig und langwierig. Bei irrationalem Handeln ergeben sich Nachteile oder Missgeschicke.

Beruf: Im Moment sehr schwierig.

Prüfungen: Unterdurchschnittliche Noten.

Neues Geschäft, Berufswechsel oder Spezialisierung, Umzug: Viele Hindernisse. Schwierig umzusetzen. Warten Sie besser auf den geeigneten Augenblick.

Wetter: Wolkig, regnerisch, vielleicht sogar Donner, später Aufheiterung.

HEXAGRAMM 4

Meng

meng

Die Unreife

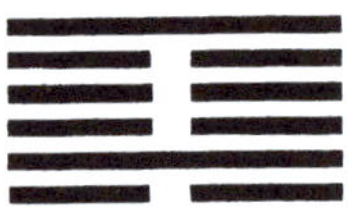

Primär	*oben*	*Ken*	*Das Stillhalten*
	unten	*K'an*	*Das Abgründige*
Kern	*oben*	*K'un*	*Das Empfangende*
	unten	*Chen*	*Das Erregende*

Meng symbolisiert die unerfahrene Jugend mit unfertigen Ansichten und wenig ausgeprägter Weisheit und Intelligenz. Diese Jungen können allerdings durch Anleitung Scharfsinn, Weisheit und Wissen erlangen. Bei genauerer Betrachtung des Hexagramms sieht man, dass die obere Hälfte, *Ken,* für den Berg steht und die unter Hälfte, *K'an,* für Wasser. Wasser verdunstet zu Nebel, der den Berg einhüllt, sodass seine wahre Form und sein Gesicht nicht erkennbar sind. *Meng* bedeutet daher auch Unwissenheit, Dummheit und Unklarheit, ja sogar Bewusstlosigkeit. Alles liegt in dichtem Nebel, tastet sich vor und entwickelt sich nicht deutlich. Sie müssen sich stark anstrengen und den Rat weiserer und intelligenterer Menschen befolgen, dann wird sich alles langsam zum Besseren wenden.

Die Weissagung

Langsam und planlos, viele Schwierigkeiten und Mühsal. Die wichtigen Fakten und Prinzipien sind unklar. Es fehlt an Entscheidungsfreude und Entschlossenheit. Zögern und Unsicherheit können zu Fehlern und Misswirtschaft führen. Sie sollten den Ratschlägen Ihrer Eltern Gehör schenken und sie befolgen. Mit Geduld, Selbstachtung und Disziplin sollten Sie auf eine Wendung zum Besseren warten. Dann wird sich eine leuchtende Zukunft ergeben.

Wunsch: Sehr schwierig zu erfüllen. Warten Sie geduldig auf eine gute Gelegenheit.

Ehe: Die Aussichten auf Erfolg sind ungewiss. Im Moment können Sie nur abwarten. Der Partner weilt in weiter Ferne.

Liebe: Unsicherheit im Umgang mit der Situation und geringe Entscheidungsfreude führen zum Scheitern.

Familie: Schwierige Umstände und weder Geistesverwandtschaft noch harmonische Beziehungen. Nur gegenseitige Aufrichtigkeit kann die Situation verbessern.

Kinder: Viele Kinder: komplizierte Situationen und Verstrickungen. Bei sorgfältiger Erziehung werden die Kinder aber in Zukunft viel Freude bringen. Schwangerschaft: Junge.

Kredit: Erfolg sehr schwierig.

Geschäft: Nicht reibungslos, eher schwierig. Sie sollten auf einen besseren Moment warten.

Börse: Instabile Preise, werden später steigen.

Lebenserwartung: Krank und schwach. Möglichkeit eines kurzen Lebens. Sie sollten Ihrer Gesundheit mehr Aufmerksamkeit schenken.

Krankheit: Erkrankungen des Gehirns und der Unterleibsregion. Ansteckende Krankheiten. Langwierige Erkrankungen. Bei gezielter Erholung gibt es Hoffnung auf Genesung.

Auf jemanden wartend: Die Person wird ihr Ziel später erreichen und Sie warten lassen.

Nach jemandem suchend: Die Person ist fortgelockt oder in die Irre geführt worden. Die Suche wird zeitaufwändig. Suchen Sie von Osten nach Norden.

Verlorener Gegenstand: Unter etwas anderem verlegt oder vergessen. Suchen Sie von Osten nach Norden.

Reise: Viele Hindernisse und Verspätungen. Die Entscheidung sollte sorgfältig und mit Bedacht gefällt werden.

Streitigkeiten: Missgeschicke. Streitigkeiten ziehen sich hin, Verfahren werden verschoben, ohne ein Ende zu finden. Lohnt den Aufwand nicht.

Beruf: Anstellung kann nicht schnell gefunden werden. Haben Sie Geduld und bleiben Sie am Ball.

Prüfungen: Schlechte Noten.

Neues Geschäft, Berufswechsel oder Spezialisierung, Umzug: Nicht die richtige Zeit. Warten Sie besser ab.

Wetter: Wolkig und regnerisch.

HEXAGRAMM 5

Hsü

xu

Das Abwarten

Primär	*oben*	*K'an*	*Das Abgründige*
	unten	*Ch'ien*	*Das Schöpfende*
Kern	*oben*	*Li*	*Das Haltende*
	unten	*Tui*	*Das Heitere*

Hsü bedeutet warten. Das untere Primär-Trigramm *Ch'ien* repräsentiert Robustheit, Aktivität und Aggressivität. Das obere *K'an* steht für Gefahr und blockiert so die Aktivität, Lebhaftigkeit und Funktion von *Ch'ien.* So besagt dieses Hexagramm, man soll Gefahren meiden, die von Radikalität und nervösem Fortschrittsdrang ausgehen. Besser ist es, geduldig abzuwarten und sich in Selbstdisziplin zu üben. Dann wird sich eine gute Gelegenheit im richtigen Moment von allein ergeben. Die grundlegende Bedeutung ist also Abwarten und den richtigen Moment abpassen.

Die Weissagung

Halten Sie am richtigen Weg fest und seien Sie engagiert und entschlossen. Überstürzen Sie nichts und verfallen Sie nicht in blinden Aktionismus. Warten Sie auf den geeigneten Augenblick und Ihr Schicksal wird sich langsam zum Guten werden. So werden Sie am Ende Ihr Ziel und Ihre Träume erreichen. Sollten Sie auf das schnelle Glück hoffen und sich auf krumme Geschäfte einlassen, werden Sie scheitern.

Wunsch: Kann nicht sofort erfüllt werden. Erfolg stellt sich nur bei beharrlicher Anstrengung ein.

Ehe: Verzögerungen, Hindernisse und Ärger. Viele Anstrengungen, aber umsonst. Die einzige Hoffnung auf Erfolg besteht durch ständige Anstrengung und Beharrlichkeit.

Liebe: Impulsives Handeln führt zum Scheitern. Langsames Kennenlernen und treues Warten führen zum Erfolg.

Familie: Derzeit kleinere Komplikationen und Probleme. Sie müssen Wohlstand und Glück Ihrer Familie sorgfältig planen.

Kinder: Kinder kommen erst spät. Schwangerschaft: Junge.

Kredit: Im Moment werden Sie Schwierigkeiten haben. Über längere Zeit aufgebaute Kontakte und Verhandlungen führen zum Erfolg.

Geschäft: Hoffen Sie nicht auf den schnellen Erfolg. Seien Sie geduldig und beständig und warten Sie den richtigen Moment ab. Ansonsten werden Sie scheitern.

Börse: Baisse für einige Zeit, später aber steigende Preise.

Lebenserwartung: In der Jugend öfter kränklich, später aber stabilisiert sich die Gesundheit.

Krankheit: Langwierige Erkrankungen. Ruhe und Erholung sorgen für Genesung. Probleme mit der Verdauung, Magen und Darm, dem Gehirn und dem Blut.

Auf jemanden wartend: Wird spät kommen. Sie müssen geduldig warten.

Nach jemandem suchend: Sie müssen lange suchen, um die Person zu finden, aber es geschieht in einer guten Periode. Suchen Sie im Norden oder Nordwesten.

Verlorener Gegenstand: Es dauert lange, bis er gefunden wird. Suchen Sie im Norden oder Nordwesten.

Reise: Im Moment mit Hindernissen. Zu Beginn kommt es zu Verzögerungen.

Streitigkeiten: Nicht günstig. Besser einen Kompromiss suchen oder auf sich beruhen lassen.

Beruf: Im Moment keine neue Stelle in Sicht. Warten Sie und es wird etwas Neues auftauchen.

Prüfungen: Werden nicht wie erwartet laufen. Lernen und üben Sie intensiver.

Neues Geschäft, Berufswechsel oder Spezialisierung, Umzug: Nicht der richtige Zeitpunkt. Warten Sie auf eine bessere Gelegenheit.

Wetter: Wolkig, später Regen.

HEXAGRAMM 6

Sung

song

Der Streit

Primär	*oben*	*Ch'ien*	*Das Schöpfende*
	unten	*K'an*	*Das Abgründige*
Kern	*oben*	*Sun*	*Das Sanfte*
	unten	*Li*	*Das Haltende*

Sung bedeutet Rechtsstreit, etwas vor Gericht bringen und sich streiten. Das obere Primär-Trigramm, *Ch'ien,* steht für die Robustheit des *Yang* und impliziert Vorankommen und Aufwärtsbewegung. Das untere Primär-Trigramm *K'an* ist das Symbol des Wassers. Wasser fließt immer abwärts. Also bilden diese beiden Trigramme Gegensätze. Darüber hinaus beherrscht das obere Trigramm das untere durch seine Macht, während das untere dem oberen durch Verschlagenheit widersteht. Somit besagt dieses Hexagramm, dass die Dinge schwierig und kompliziert sind, voller Streitigkeiten, Hindernisse und Konflikte. Es ist kein günstiges Hexagramm.

Die Weissagung

Nichts wird nach Wunsch verlaufen. Überall lauern Ärger, Probleme, Komplikationen und Hindernisse. Es ist nicht von Vorteil, so fortzufahren. Besser ist es, einen Schritt zurückzutreten und auf eine Wendung zum Besseren zu warten.

Wunsch: Kann nicht erfüllt werden.

Ehe: Weder vorteilhaft noch günstig. Wird wahrscheinlich wenig Erfolg haben.

Liebe: Die andere Seite ist nicht ernsthaft interessiert. Dies führt zum Scheitern.

Familie: Familienmitglieder verstehen sich nicht. Gemeinsame Bande müssen gestärkt werden.

Kinder: Vater und Sohn haben unterschiedliche Auffassungen und Ideen. Schwangerschaft: Junge.

Kredit: Sehr schwierig.

Geschäft: Unsachgemäßes Handeln führt zu Verlusten.

Börse: Instabil, Berg- und Talfahrt.

Lebenserwartung: Viele Erkrankungen und ein kurzes Leben. Sie müssen sehr auf Ihre Gesundheit achten.

Krankheit: Schwere Erkrankung mit Komplikationen. Probleme mit Gehirn, Lunge, Nieren und Blutbahnen.

Auf jemanden wartend: Wird nicht kommen.

Nach jemandem suchend: Person ist nach Streit gegangen. Suchen Sie im Norden oder Nordwesten.

Verlorener Gegenstand: Ist schon von jemandem gefunden worden. Kann nur schwer zurückgewonnen werden.

Reise: Viele Hindernisse auf dem Weg. Sie werden Ihr Ziel nicht erreichen. Halten Sie besser an oder kehren Sie um.

Streitigkeiten: Nicht günstig. Am besten einen Kompromiss schließen.

Beruf: Sie werden keinen neuen Arbeitsplatz finden.

Prüfungen: Schlechte Noten.

Neues Geschäft, Berufswechsel oder Spezialisierung, Umzug: Missgeschicke. Versuchen Sie es nicht, Sie werden keinen Erfolg haben.

Wetter: Unbeständig und wechselhaft, wolkig und regnerisch.

HEXAGRAMM 7

Shih

shi

Die Armee

Primär	*oben*	*K'un*	*Das Empfangende*
	unten	*K'an*	*Das Abgründige*
Kern	*oben*	*K'un*	*Das Empfangende*
	unten	*Chen*	*Das Erregende*

Shih ist das Symbol für Armee oder große Mengen und beinhaltet die Idee des Kämpfens oder Kriegführens. Die zweite Linie von unten ist eine feste *Yang*-Linie, die einen starken General oder Kommandeur symbolisiert, der die fünf durchbrochenen *Yin*-Linien anführt. Das obere Primär-Trigramm *K'un* symbolisiert die Erde, das untere Primär-Trigramm *K'an* das Wasser. Ist Wasser auf der Erde, befeuchtet und nährt es viele Dinge. In diesem Hexagramm ist die Situation umgekehrt und die Erde sitzt auf dem Wasser. Die beiden können nicht in Harmonie zusammenkommen. Daher bedeutet dieses Hexagramm in der Weissagung Auseinandersetzungen, Streit, Komplikationen und Chaos. Die einzige Möglichkeit, das Schicksal in bessere Bahnen zu lenken, ist das beharrliche Festhalten an einem ehrlichen, geraden Weg.

Die Weissagung

Wandel, Bewegung und Schwankungen. Die Wellen schlagen hoch und die Mühsal ist groß. Lassen Sie sich nicht auf kleine Betrügereien oder

Unaufrichtigkeiten ein. Planen Sie voraus, bleiben Sie auf dem rechten Weg und kümmern Sie sich mit Bedacht und Ausdauer um Ihre Angelegenheiten. Dann werden Sie alle Schwierigkeiten meistern und eine gute Position, Anerkennung und Wohlstand erlagen.

Wunsch: Viele Schwierigkeiten. Sie können Ihre Wünsche nur schwer erfüllen. Hoffnung liegt aber in Geduld, harter Arbeit und dem Festhalten am rechten Weg.

Ehe: Keine glückliche Paarung. Viele Probleme. Fehler und Schwächen werden auftreten.

Liebe: Der Partner ist wankelmütig und frivol. Die Liebe ist nicht gleich stark. Viele Komplikationen werden auftauchen.

Familie: Die Familienmitglieder verstehen sich nicht. Es sollte mehr Verständnis und Aufrichtigkeit geben.

Kinder: Mehr Töchter als Söhne. Schwangerschaft: Junge.

Kredit: Wird nicht sofort gewährt werden. Wenn Sie ruhig und beharrlich bleiben, gibt es aber Hoffnung.

Geschäft: Hindernisse. Die Situation wird vorteilhaft und profitabel sein, wenn Sie abwarten, bis Sie mehr Selbstsicherheit besitzen und die Umstände für Sie arbeiten. Dann sollten Sie mit Entschiedenheit handeln.

Börse: Unsichere, instabile Situation. Es besteht die Möglichkeit einer Markterholung.

Lebenserwartung: Ihre Gesundheit ist fraglich. Sie müssen sehr gut auf sich achten.

Krankheit: Schwer aber nicht unbedingt tödlich. Bösartige Tumore, Herz- und Unterleibserkrankungen.

Auf jemanden wartend: Wird nicht kommen.

Nach jemandem suchend: Die Person ist wegen einer Auseinandersetzung oder Meinungsverschiedenheit gegangen. Suchen Sie Richtung Südwesten oder Norden.

Verlorener Gegenstand: Ist bereits von einer Frau gefunden worden. Kann nur schwer zurückgewonnen werden.

Reise: Möglichkeit eines Unglücks. Besser nicht auf Reisen gehen.

Streitigkeiten: Komplikationen und Schwierigkeiten. Mit einer klaren und strikten Taktik können Sie aber gewinnen.

Beruf: Keine Chance auf neue Stellung.

Prüfungen: Schlechte Noten.

Neues Geschäft, Berufswechsel oder Spezialisierung, Umzug: Missgeschicke. Besser nicht umziehen.

Wetter: Wechselhaft. Wolkig, später vielleicht Aufklarung – nicht sicher.

HEXAGRAMM 8

Pi

bi

Das Zusammenhalten

Primär	*oben*	*K'an*	*Das Abgründige*
	unten	*K'un*	*Das Empfangende*
Kern	*oben*	*Ken*	*Das Stillhalten*
	unten	*K'un*	*Das Empfangende*

Pi symbolisiert Nähe und Intimität. Die fünfte Linie von unten, die so genannte kontrollierende oder Herrscherlinie, ist durchgezogen. So setzt sich diese *Yang*-Linie gegenüber allen durchbrochenen *Yin*-Linien durch. Das obere Primär-Trigramm *K'an* symbolisiert Wasser und das untere Primär-Trigramm *K'un* symbolisiert die Erde. Wird Wasser auf die Erde gegossen, dringt es in den Boden ein und vereinigt sich mit Erde und Lehm. Dieses Hexagramm ist verheißungsvoll und verkündet einen Himmel, der die Menschen liebt. Oben und Unten sind in Harmonie, sehr nahe und helfen einander. In der Weissagung bedeutet dies, dass Kontakte mit anderen sehr gut und ohne Probleme verlaufen.

Die Weissagung

Friedvoll, sicher und günstig. Sie sollten viel unter Menschen gehen und Nähe suchen. Wenn Sie aber schamlos oder unvernünftig handeln, zerstören Sie Ihr gutes Schicksal. Sie sind gut dafür geeignet, mit anderen gemeinsam eine Unternehmung zu wagen. Ebenso können Sie die Unterstützung und das Vertrauen der Öffentlichkeit erlangen oder Dinge entwickeln und voranbringen.

Wunsch: Mit der Hilfe anderer werden Sie Erfolg haben.

Ehe: Erfolg und Glück.

Liebe: Günstig. Beide Seiten lieben einander. Frauen müssen aber auf Rivalinnen achten. »Der frühe Vogel fängt den Wurm.«

Familie: Alle verstehen sich gut. Der Familienbesitz gedeiht.

Kinder: Gut erzogen, hilfsbereit und loyal. Schwangerschaft: Junge.

Kredit: Ein Erfolg.

Geschäft: Wird nach Ihren Wünschen verlaufen und profitabel sein. Gier führt zu späterem Misserfolg.

Börse: Fluktuationen. Preise könnten fallen.

Lebenserwartung: Gesundes, langes Leben.

Krankheit: Erholung oder Genesung in nicht allzu ferner Zukunft. Erkrankungen der Blutgefäße.

Auf jemanden wartend: Die Person wird kommen und Glück bringen.

Nach jemandem suchend: Sorgen Sie sich nicht. Die Person wird gefunden werden oder von alleine zurückkehren.

Verlorener Gegenstand: Wird gefunden werden. Suchen Sie Richtung Norden oder Südwesten, an tief gelegenen Orten oder in Wassernähe.

Reise: Sichere und angenehme Reise. Sie werden sogar etwas dabei gewinnen.

Streitigkeiten: Ein Kompromiss ist nicht nur einfach, sondern wird auch Positives bringen. Auf einer Auseinandersetzung zu beharren, führt zu Misserfolg.

Beruf: Beförderung, eine gute Position oder eine gute Stelle sind in Sicht.

Prüfungen: Gute Noten.

Neues Geschäft, Berufswechsel oder Spezialisierung, Umzug: Günstig.

Wetter: Klar, später wolkig. Regen ist möglich.

HEXAGRAMM 9

Hsiao Ch'u

xiao chu

Der Kleine Ernährer

Primär	*oben*	*Sun*	*Das Sanfte*
	unten	*Ch'ien*	*Das Schöpfende*
Kern	*oben*	*Li*	*Das Haltende*
	unten	*Tui*	*Das Heitere*

Das Bild dieses Hexagramms steht für düsteres Wetter, bei dem Wolken aufgezogen sind, aber noch kein Regen fällt. Das obere Primär-Trigramm *Sun* repräsentiert Wind und Wolken, das untere *Ch'ien* den Himmel. Wenn Wind und Wolken den Himmel bestimmen, ist das Wetter deprimierend und Regen kündigt sich an. Bei solchem Himmel ist man nervös und ungeduldig. Das Hexagramm deutet also auf Unsanftes hin.

Die Weissagung

Holprig und voller Hindernisse. Dinge laufen nicht wie erwartet. Seien Sie nicht pessimistisch, schlapp oder unmäßig. Haben Sie

Geduld und machen Sie weiter, denn auf die Wolken folgt Sonnenschein und Ihr Schicksal wendet sich zum Guten.

Wunsch: Hürden werden Sie vom Erreichen Ihrer Ziele abhalten.

Ehe: Keine gute Paarung. Zudem stehen Ihnen viele Hindernisse entgegen.

Liebe: Viele Hindernisse, der Erfolg wird Ihnen nicht leicht gemacht. Selbst bei Erfolg endet alles in einer tragischen Szene.

Familie: Im Moment haben Ehemann und -frau genug voneinander, sind lustlos und gleichgültig. Die ungute Stimmung hat sich über die Familie gelegt. Sie können nur abwarten.

Kinder: Sorge um die Kinder wird viel Mühe und Arbeit kosten. Schwangerschaft: Mädchen.

Kredit: Eine Frau wird als Hindernis fungieren und allem im Weg stehen.

Geschäft: Umstände nicht reif für ein florierendes Unternehmen. Unsichtbare Hürden werden Ihre Vorhaben scheitern lassen.

Börse: Schlechte Aussichten.

Lebenserwartung: Schlechte Gesundheit, schwache Konstitution, Möglichkeit eines kurzen Lebens. Sie müssen sehr auf Ihre Gesundheit achten.

Krankheit: Langwierige Krankheit, kann chronisch werden. Geschlechts- und Uteruserkrankungen, Probleme im Brust- oder Unterleibsbereich.

Auf jemanden wartend: Auf der Hälfte des Wegs hat etwas die Person daran gehindert zu kommen.

Nach jemandem suchend: Diese Person ist wegen familiärer Unstimmigkeiten oder sexueller Leidenschaft gegangen. Sie wird nicht einfach zu finden sein, ist aber gar nicht weit weg. Suchen Sie Richtung Südosten oder Nordwesten.

Verlorener Gegenstand: Nicht leicht zu finden. Liegt vielleicht unter etwas anderem.

Reise: Viele Hindernisse, lange Verspätungen. Sie werden die Zielsetzung Ihrer Reise nicht erreichen. Besser nicht auf Reise gehen.

Streitigkeiten: Ziehen sich lange hin. Viele Schwierigkeiten werden auftauchen.

Beruf: Im Moment keine Hoffnung.

Prüfungen: Schlechte Noten.

Neues Geschäft, Berufswechsel oder Spezialisierung, Umzug: Wird nicht wie erwartet oder gehofft verlaufen. Bessere Chance abwarten.

Wetter: Dichte Wolken, aber kein Regen.

HEXAGRAMM 10

Lü

lü

Das Auftreten, die Lebensführung

Primär	*oben*	*Ch'ien*	*Das Schöpfende*
	unten	*Tui*	*Das Heitere*
Kern	*oben*	*Sun*	*Das Sanfte*
	unten	*Li*	*Das Haltende*

Lü heißt, direkt hinter dem Schwanz des Tigers zu laufen und dennoch nie in Gefahr zu sein. Das obere Primär-Trigramm ist *Ch'ien* und das untere *Tui*. Das Hexagramm malt das Bild eines gesunden und starken Mannes *Ch'ien*, der vorangeht und von einer zarten Frau *Tui* gefolgt wird. Es fällt ihr schwer, nicht zurückzufallen. *Lü* bedeutet aber auch Anstand und Großzügigkeit. Das tugendhafte und bescheidene *Tui* erhält die Stärke und Robustheit von *Ch'ien*. Es ist zwar gefährlich, direkt hinter dem Schwanz des Tigers zu laufen, dennoch wird er nie beißen und man wird sicher ankommen.

Dieses Hexagramm bedeutet, dass ein sanfter, milder und freundlicher Charakter Ihnen über alle Schwierigkeiten und Hindernisse sicher hinweghelfen wird.

Die Weissagung

Überall lauern Ärger und Gefahren, aber wenn Sie Ihre Zeit geduldig und bescheiden abwarten, wird sich das Glück Ihnen zuwenden. Versuchen

Sie nicht, die Initiative zu ergreifen oder offensiv zu sein. Bleiben Sie auf Ihrem Platz.

Wunsch: Sehr schwierig zu erfüllen.

Ehe: Obwohl beide Partner gut zusammenpassen, werden viele Stolpersteine auftauchen und einen Höhenflug in der Ehe schwierig gestalten. Wer aber mit Ausdauer, Höflichkeit und Respekt vorgeht, kann Erfolg haben.

Liebe: Ein mühseliger Weg. Wer sich aber ein reines Herz und seine Zuneigung bewahrt und sich immer bemüht, hat Aussicht auf Erfolg.

Familie: Zu Anfang Mühsal und Schwierigkeiten. Wer geduldig, bescheiden und sanft bleibt, wird in mittleren Jahren Glück und Segen ernten.

Kinder: Schwierigkeiten bei der Kindererziehung, aber später wendet sich das Blatt. Schwangerschaft: Mädchen.

Kredit: Sehr schwer zu erhalten.

Geschäft: Hindernisse und Mühsal.

Börse: Preise werden fallen. Am besten alles festhalten, der Markt kann sich später erholen.

Lebenserwartung: In jungen Jahren schwache Konstitution. Durch gesunde Lebensführung kann ein langes Leben erreicht werden.

Krankheit: Schwere Erkrankung, doch durch eine lange Genesungsphase kann Gesundheit wiedererlangt werden. Hirn- und Lungenerkrankungen.

Auf jemanden wartend: Wird kommen, aber erst spät.

Nach jemandem suchend: Person im Moment in Gefahr. Wird sie nicht rechtzeitig gerettet oder gefunden, kann sie zu Schaden kommen. Suchen Sie im Nordwesten.

Verlorener Gegenstand: Liegt verborgen unter etwas anderem. Suchen Sie im Nordwesten.

Reise: Mühsal und Gefahr. Überlegen Sie es sich besser anders.

Streitigkeiten: Ungünstig. Besser den Kompromiss suchen.

Beruf: Im Moment nichts in Aussicht. Warten Sie geduldig auf eine bessere Gelegenheit.

Prüfungen: Werden gerade so bestanden.

Neues Geschäft, Berufswechsel oder Spezialisierung, Umzug: Viele Hindernisse. Schwierig umzusetzen.

Wetter: Wolkig und am Nachmittag Wind.

HEXAGRAMM 11

T'ai

tai

Der Friede

Primär	*oben*	*K'un*	*Das Empfangende*
	unten	*Ch'ien*	*Das Schöpfende*
Kern	*oben*	*Chen*	*Das Erregende*
	unten	*Tui*	*Das Heitere*

T'ai symbolisiert Frieden und Harmonie. Das untere Primär-Trigramm *Ch'ien* steht für den Himmel und das obere Primär-Trigramm *K'un* für die Erde. Die *Yin*-Kraft von *K'un* drückt nach unten, während die *Yang*-Kraft von *Ch'ien* nach oben drückt. Die Kräfte von Himmel und Erde, von *Yin* und *Yang* sind also ausgeglichen und vereinigt. Als Resultat blüht und gedeiht alles. So hat das Hexagramm in der Weissagung eine sehr günstige Bedeutung und deutet auf Frieden und Wohlstand.

Die Weissagung

Alles wird wie erwartet und erhofft verlaufen. Die Zukunft sieht rosig aus. Ihre Geschäfte florieren. Ein glückliches Ereignis (z.B. eine Hochzeit) kann bevorstehen. Sie dürfen aber nicht arrogant, nachlässig, leichtsinnig oder ignorant werden.

Wunsch: Geht leicht in Erfüllung.

Ehe: Partner passen gut zueinander. Alles verläuft harmonisch.

Liebe: Seelenverwandtschaft und Harmonie.

Familie: Harmonisches Familienleben. Auch das Vermögen floriert.

Kinder: Alle gesund und mit positiven Aussichten. Die Erziehung darf aber nicht vernachlässigt werden. Schwangerschaft: Junge.

Kredit: Reibungsloser Verlauf.

Geschäft: Reibungslos. Sie werden reiche Profite einbringen.

Börse: Hoch, wird aber später fallen.

Lebenserwartung: Gesundes, langes Leben.

Krankheit: Schnelle Genesung und Erholung. Herzerkrankungen.

Auf jemanden wartend: Wird kommen und Freude verbreiten.

Nach jemandem suchend: In Verbindung mit Sex. Im Haus eines Verwandten oder Freundes. Sie werden diese Person bald finden. Suchen Sie im Süd- oder Nordwesten.

Verlorener Gegenstand: Wird bald gefunden werden.

Reise: Sicher und entspannt.

Streitigkeiten: Bei einem Kompromiss werden Sie profitieren. Stures Weiterführen der Auseinandersetzung führt zu Missstimmung.

Beruf: Sie werden keine Schwierigkeiten haben.

Prüfungen: Gute Noten. Sie müssen aber umsichtig sein.

Neues Geschäft, Berufswechsel oder Spezialisierung, Umzug: Sie können ruhig weiter planen. Der Erfolg ist Ihnen sicher.

Wetter: Schönes Wetter.

HEXAGRAMM 12

P'i

pi

Der Stillstand (Die Hemmung)

Primär	*oben*	*Ch'ien*	*Das Schöpfende*
	unten	*K'un*	*Das Empfangende*
Kern	*oben*	*Sun*	*Das Sanfte*
	unten	*Ken*	*Das Stillhalten*

P'i symbolisiert Widerstand und Stagnation. Es ist das Gegenteil zum vorhergehenden Hexagramm. Das obere Primär-Trigramm *Ch'ien,* der Himmel, die robuste *Yang*-Kraft, liegt oben. Das untere Primär-Trigramm *K'un,* die Erde mit ihrer *Yin*-Kraft, wird also nach unten gedrückt. Die Kräfte von Himmel und Erde, von *Yin* und *Yang,* sind blockiert und getrennt. Es gibt keinen freien Austausch zwischen ihnen. Daher steht dieses Hexagramm in der Wahrsagung für Mühsal und Leid.

In der Politik steht es für wenige Berührungspunkte zwischen Regierung und Volk. Die Wünsche der Bürger werden von der Regierung nicht beachtet, die Politiker finden nicht die Unterstützung des Volks.

Die Weissagung

Unglück. Die Dinge laufen nicht wie erhofft. Sie werden Leid und Mühsal erfahren. Unehrliche Menschen können Ihnen Schaden zufügen und Verluste heraufbeschwören. Auch Verlust durch Trennung ist möglich. Die Welt unterliegt immer einem ständigen Auf und Ab und ihr Schicksal kann sich wenden, wenn Sie geduldig und mutig vorwärts streben. Im Moment ist es am besten, die eigene Position zu wahren.

Wunsch: Erfüllung sehr schwierig.

Ehe: Die Partner passen nicht zu einander. Sie werden sich wahrscheinlich trennen.

Liebe: Der Partner fühlt nicht dasselbe wie Sie.

Familie: Familienmitglieder verstehen sich nicht. Es besteht die Möglichkeit harter Zeiten.

Kinder: Wenige oder keine Kinder. Möglichkeit der schlechten Beziehung zwischen Eltern und Kindern. Schwangerschaft: Mädchen.

Kredit: Ohne Erfolg. Ökonomische Situation schlecht.

Geschäft: Verluste.

Börse: Niedrige Preise.

Lebenserwartung: Niedrig. Schlechte Gesundheit. Kurzes Leben.

Krankheit: Schwere Erkrankung. Unter Umständen keine Genesung. Erkrankungen der Atemwege und des Hirns. Krebs.

Auf jemanden wartend: Vergeblich.

Nach jemandem suchend: Die Person ist wegen verletzter Gefühle gegangen oder wurde verschmäht. Es ist unklar, wohin sie gegangen ist.

Verlorener Gegenstand: Ist schon in den Händen einer anderen Person. Sie werden ihn nicht wiederbekommen.

Reise: Ärger und Hindernisse. Sie können Ihr Ziel nicht erreichen. Sagen Sie die Reise besser ab.

Streitigkeiten: Niederlage.

Beruf: Keine Aussichten.

Prüfungen: Schlechte Noten.

Neues Geschäft, Berufswechsel oder Spezialisierung, Umzug: Nicht der richtige Zeitpunkt. Schwer zu realisieren. Lassen Sie Ihre Pläne besser fallen.

Wetter: Schlechtes Wetter.

HEXAGRAMM 13

T'ung Jen

tong ren

Allumfassende Brüderlichkeit

Primär	*oben*	*Ch'ien*	*Das Schöpfende*
	unten	*Li*	*Das Haltende*
Kern	*oben*	*Ch'ien*	*Das Schöpfende*
	unten	*Sun*	*Das Sanfte*

T'ung Jeng symbolisiert Gleichgesinntheit, allumfassende Harmonie, Bruderschaft und Brüderlichkeit. Es besagt, dass man gut mit anderen auskommen und durch gemeinsame Anstrengung etwas erreichen kann. Ebenso steht es für Kamerad, Freund, Kollege und Gefährte. Das obere Primär-Trigramm ist *Ch'ien,* der Himmel, und das untere ist *Li,* das Feuer. Beide beinhalten eine Aufwärtsbewegung. Das untere Kern-Trigramm (Linien zwei, drei und vier von unten) ist *Sun* und repräsentiert den Wind. Mithilfe des Windes werden die Flammen des Feuers auflodern, dem Himmel nahe kommen und leuchtend gespiegelt werden. Das Hexagramm symbolisiert enge Beziehungen mit anderen und dass man Erfolg haben kann, wenn man zusammenarbeitet oder von anderen unterstützt wird.

Die Weissagung

Sicher und wohlbehalten, günstig. Die Dinge laufen nach Wunsch. Alle geschäftlichen Unternehmungen in Kooperation mit anderen haben Erfolg. Sie sollten Ihren Bekanntenkreis ausweiten, neue Menschen kennen lernen. Wenn Sie harmonische Beziehungen aufbauen, werden sich günstige Gelegenheiten auftun. Sie dürfen aber nicht egoistisch handeln, die Meinung anderer missachten oder voreingenommen sein. Dies beschädigt Ihre Position. Vermeiden Sie Streit und Auseinandersetzungen mit anderen.

Wunsch: Kann realisiert werden. Mit anderen gemeinsam können Sie mehr erreichen als alleine.

Ehe: Die Partner passen gut zueinander.

Liebe: Da die Liebe auf beiden Seiten gleich groß ist, wird die Liebe ein Erfolg.

Familie: Passende Familie. Familienwohlstand wächst.

Kinder: Viele Kinder, harmonische Beziehungen. Schwangerschaft: Junge.

Kredit: Erfolg.

Geschäft: Sehr profitabel, besonders bei Kooperation mit anderen.

Börse: Preise werden steigen.

Lebenserwartung: Gesundheit und langes Leben.

Krankheit: Heilung oder Genesung werden bald eintreten. Infektionserkrankungen im Magen- und Darmtrakt.

Auf jemanden wartend: Wird kommen und Glück bringen.

Nach jemandem suchend: Wird bald zurückkommen oder eine Nachricht senden.

Verlorener Gegenstand: Sie werden ihn bald wiederfinden.

Reise: Sicher und ruhig. Viel Spaß.

Streitigkeiten: Suchen Sie den Kompromiss. Auf Differenzen stur zu beharren, wird Ihnen nur Nachteile bringen.

Beruf: Sie werden bald Arbeit finden.

Prüfungen: Gute Noten.

Neues Geschäft, Berufswechsel oder Spezialisierung, Umzug: Günstig.

Wetter: Klar.

HEXAGRAMM 14

Ta Yu

da you

Der große Besitz

Primär	*oben*	*Li*	*Das Haltende*
	oben	*Ch'ien*	*Das Schöpfende*
Kern	*oben*	*Tui*	*Das Heitere*
	unten	*Ch'ien*	*Das Schöpfende*

Ta Yu symbolisiert Fülle, Wohlstand und Besitz. Das obere Primär-Trigramm, *Li,* symbolisiert die Sonne und das untere, *Ch'ien,* den Himmel. Die Sonne steht hoch am Himmel und scheint auf alles herab. Das Trigramm *Li* steht aber auch für den Sommer, wenn alles blüht und gedeiht. Das untere Trigramm steht hingegen für den Herbst, die Zeit der Fülle, Reife und der reichen Ernte und steht so für Wohlstand und Reichhaltigkeit. Für die Weissagung bedeutet dies, dass Sie in der Mitte einer sehr glücklichen Phase sind. Der Zenith ist aber erreicht und es wird ein Abstieg kommen. Sie müssen also vorsichtig und bedacht sein und dürfen sich weder Stolz noch Überheblichkeit anmaßen.

Die Weissagung

Sie erfreuen sich großen Glücks und sind respektiert. Sie haben viel erreicht. Um aber das Erlangte zu bewahren, müssen Sie nun mit Bedacht und Vorsicht handeln. Wer zu satt ist, macht Fehler und wird dann einen Abstieg erfahren.

Wunsch: Kann leicht erfüllt werden.

Ehe: Gute Paarung. Vielleicht heiraten Sie in eine wohlhabende Familie ein.

Liebe: Ein Erfolg.

Familie: Familie erfreut sich an Glück und Wohlstand. Überheblichkeit, Vernachlässigung oder zu große Selbstsicherheit können dies aber ins Gegenteil verkehren.

Kinder: Talentierte, vielversprechende Kinder. Sie sollten die Erziehung aber nicht vernachlässigen. Schwangerschaft: Mädchen.

Kredit: Ohne Schwierigkeiten.

Geschäft: Sie können gut profitieren.

Börse: Preise auf dem Höhepunkt. Vorsicht, die Preise könnten bald sinken.

Lebenserwartung: Sie sind von Natur aus gesund. Langes Leben.

Krankheit: Schnelle Genesung. Hohe Fieber und Lungenerkrankungen.

Auf jemanden wartend: Wird kommen und gute Nachrichten bringen.

Nach jemandem suchend: Scheint weit entfernt zu sein. Geld oder Sex sind im Spiel. Sie sollten bald suchen. Ein Aufschub kann ins Verderben führen. Suchen Sie im Süden oder Nordwesten.

Verlorener Gegenstand: Kann gefunden werden. Suchen Sie im Süden oder Nordwesten – an hoch gelegenen Orten.

Reise: Günstig.

Streitigkeiten: Erfreulicher Ausgang.

Beruf: Sie werden bald eine gute Stellung mit gewissem Prestige finden.

Prüfungen: Sehr gute Noten. Sie müssen aber hart dafür arbeiten.

Neues Geschäft, Berufswechsel oder Spezialisierung, Umzug: Günstig.

Wetter: Schön, klar.

HEXAGRAMM 15

Ch'ien

qian

Die Bescheidenheit

Primär	*oben*	*K'un*	*Das Empfangende*
	unten	*Ken*	*Das Stillhalten*
Kern	*oben*	*Chen*	*Das Erregende*
	unten	*K'an*	*Das Abgründige*

Ch'ien bedeutet Anstand und Bescheidenheit. Das obere Trigramm *K'un* steht für die Erde, das untere, *Ken,* für die Berge. Hohe Berge formen sich und wohnen unter den großen Ebenen. Dies symbolisiert die Tugenden der Bescheidenheit und des Anstands. *Ch'ien* steht auch für das Teilen mit denen, die nicht genug besitzen. Das Bild hierzu ist die Erde, die vom hohen Berg herabtransportiert wird und die Senken im Flachland füllt. Das Hexagramm bedeutet, Wohlstand und Glück werden kommen, wenn man bescheiden und aufrichtig bleibt.

Die Weissagung

Sicher und gesund. Alles wird wie erhofft laufen. Wer aber vom Pfad der Tugend und der Bescheidenheit abkommt, wird scheitern.

Wunsch: Selbstsüchtiges, engstirniges und kleinliches Handeln führen zum Scheitern. Wer andere aufrichtig und mit Respekt behandelt, wird Erfolg haben.

Ehe: Gute Paarung. Reibungslos und glücklich.

Liebe: Erfolg.

Familie: Zufriedenes Familienleben. Familienbesitz vergrößert sich langsam.

Kinder: Alle sanft, gehorsam und loyal. Schwangerschaft: Junge.

Kredit: Verhandlungen über die benötigte Summe möglich. Keine Hoffnung für zusätzliche Mittel.

Geschäft: Eine geringe Gewinnspanne wird sich auszahlen, wenn die Verkaufszahlen hoch sind.

Börse: Im Moment schleppend. Wird später steigen.

Lebenserwartung: Mit ausreichend Entspannung können Sie ein langes und gesundes Leben führen.

Krankheit: Sie brauchen Geduld für die Genesung, werden aber wieder gesund. Erkrankungen des Unterleibs und der Bauchregion, niedriger Blutdruck.

Auf jemanden wartend: Wird kommen.

Nach jemandem suchend: Wird aus freien Stücken wiederkommen.

Verlorener Gegenstand: Kann gefunden werden. Im Nordosten oder Südwesten unter etwas verborgen.

Reise: Sichere und problemlose Reise.

Streitigkeiten: Schließen Sie besser einen Kompromiss. Stures Fortsetzen der Streitigkeiten bringt Unglück.

Beruf: Kein Problem.

Prüfungen: Gute Noten.

Neues Geschäft, Berufswechsel oder Spezialisierung, Umzug: Sie können es wagen, aber Ungeduld und impulsives Handeln führen zu Misserfolg.

Wetter: Wolkig mit möglichen Aufheiterungen.

HEXAGRAMM 16

Yü

yü

Die Muße

Primär	*oben*	*Chen*	*Das Erregende*
	unten	*K'un*	*Das Empfangende*
Kern	*oben*	*K'an*	*Das Abgründige*
	unten	*Ken*	*Das Stillhalten*

Yü bedeutet im Voraus und umfasst Vorahnungen und Vorausplanung. Das obere Trigramm *Chen* steht für Donner und das untere Trigramm *K'un* für die Erde. Nach den Frühjahrsgewittern kommt die Sonne und scheint auf die Erde herab. Sie haucht den Bäumen, Blumen und Gräsern neues Leben ein und lässt sie wachsen und gedeihen. Dies ist ein glückliches Ereignis. Auch für die Menschen ist es eine Zeit der Vorbereitung und neuer Arbeit. In der Weissagung steht dieses Hexagramm daher für kommende Freude. Aber man muss gut vorausplanen und immer vorsichtig vorgehen. So kann das Glück erhalten bleiben. Sonst droht Unglück.

Die Weissagung

Alles verläuft wie erhofft. Sie dürfen aber nicht nachlässig werden oder sich zurücklehnen. Das bringt Unglück und Verbitterung. Auch im Privatleben müssen Sie Selbstdisziplin üben und Ihre Dokumente und Papiere immer in Ordnung halten, da sonst unvorhergesehene Komplikationen auftreten können. Seien Sie auch auf der Hut vor Räubern.

Wunsch: Gehen Sie vorsichtig vor. Schritt für Schritt können Sie Ihre Wünsche erfüllen.

Ehe: Eine gute Paarung, vom Himmel vorherbestimmt. Harmonie.

Liebe: Kann erfolgreich sein. Sind aber beide Seiten selbstsüchtig und missachten die Wünsche des anderen, führt dies zum Scheitern.

Familie: Glück und die Segnung durch Geburt. Unvorsichtigkeit, Nachlässigkeit und Faulheit führen aber in den Ruin.

Kinder: Harmonischer, liebevoller Umgang untereinander. Gute Zukunftsaussichten. Aber auf die Erziehung muss Wert gelegt werden. Vernachlässigung bringt Unglück. Schwangerschaft: Junge.

Kredit: Wenn Sie vorsichtig und mit Bedacht vorgehen, werden Sie Erfolg haben.

Geschäft: Hohe Preise bedeuten für Sie Profit.

Börse: Die Kurse sind hoch.

Lebenserwartung: Gesundes und langes Leben. Wenn Sie sich aber zu sehr den Genüssen hingeben, wird das Gegenteil eintreten.

Krankheit: Sie erholen sich, müssen aber an Ihrer Genesung arbeiten. Probleme im Bereich der Leber und des Unterleibs.

Auf jemanden wartend: Wird kommen.

Nach jemandem suchend: Person ist von der Lust berauscht. Suchen Sie im Osten oder Südwesten.

Verlorener Gegenstand: Verloren oder gestohlen. Wenn Sie zu lange warten, werden Sie ihn nicht wiederbekommen. Suchen Sie im Osten oder Südwesten.

Reise: Günstig. Seien Sie aber auf der Reise vorsichtig.

Streitigkeiten: Es ist vorteilhaft, wenn Sie einen Kompromiss suchen. Den Fall stur voranzutreiben führt ins Unglück.

Beruf: Anstellung kann gefunden werden. Sind Sie bereits angestellt, wird Ihr Chef eine Beförderung erwägen.

Prüfungen: Gute Noten. Sie müssen aber weiter hart arbeiten.

Neues Geschäft, Berufswechsel oder Spezialisierung, Umzug: Günstig.

Wetter: Wolkig, später Aufheiterung.

HEXAGRAMM 17

Sui

sui

Die Nachfolge

Primär	*oben*	*Tui*	*Das Heitere*
	unten	*Chen*	*Das Erregende*
Kern	*oben*	*Sun*	*Das Sanfte*
	unten	*Ken*	*Das Stillhalten*

Sui bedeutet Folgen oder Nachfolge, Gehorchen, Übereinstimmen und Begleiten. Es impliziert, den Meinungen und Auffassungen anderer nachzugeben und nicht auf der eigenen Meinung zu beharren. Er heißt auch, dass man die Wendungen des Schicksals annimmt und mit ihnen geht. Das obere Trigramm *Tui* steht für junge Mädchen und das untere Trigramm *Chen* für starke Männer. Das Hexagramm impliziert also, dass der starke Mann nachgiebig und ergeben dem jungen Mädchen folgt. Für die Weissagung bedeutet dies, das Starke ordnet sich dem Schwachen unter, gewinnt aber so die Zustimmung und wird erfolgreich in seinen Unternehmungen.

Die Weissagung

Wer die Meinung der anderen respektiert und ihre Unterstützung annimmt, wird mit all seinen Unternehmungen Erfolg haben und Ruhm und Wohlstand erlangen.

Wunsch: Es wird etwas dauern, aber Ihr Wunsch wird sich erfüllen, wenn Sie Hilfe bekommen können.

Ehe: Erfolg ist möglich. Wahrscheinlich ist die Ehe zwischen einer jungen Frau und einem älteren Mann.

Liebe: Erfolg. Wenn aber nur sexuelle Fantasien befriedigt werden, könnten Gefühle verletzt werden und die Liebe scheitern.

Familie: In eine wohlhabende und glückliche Familie hineingeboren. Es besteht die Möglichkeit, dass die Jungen adoptiert werden und alleine die Mädchen den Fortbestand der Familie garantieren.

Kinder: Eltern und Kinder verstehen sich gut. Schwangerschaft: Mädchen.

Kredit: Es dauert zwar einige Zeit, aber irgendwann wird ein Freund Ihnen helfen und Sie werden Erfolg haben.

Geschäft: Geschäfte laufen glatt. Sie können aber nicht sofort expandieren. Warten Sie auf den geeigneten Moment.

Börse: Ein Hoch, das aber langsam fallen wird.

Lebenserwartung: Gesundes und langes Leben. Sie dürfen aber nicht sorglos mit Ihrem Körper umgehen.

Krankheit: Die Krankheit zieht sich hin, aber Genesung ist möglich. Geschlechtskrankheiten oder Nierenleiden.

Auf jemanden wartend: Wird kommen, aber spät.

Nach jemandem suchend: Wird bald gefunden werden. Ist wegen etwas gegangen, das mit Sex zu tun hat.

Verlorener Gegenstand: Er ist ganz in der Nähe und Sie werden ihn finden. Suchen Sie Richtung Osten oder Westen.

Reise: Reisen Sie besser nicht alleine. Nehmen Sie jemanden mit.

Streitigkeiten: Schaden oder sogar Gefängnis. Schließen Sie am besten einen Kompromiss.

Beruf: Wenn ein älterer Kollege oder ein Vorgesetzter Interesse an Ihnen entwickelt, werden Sie Erfolg haben.

Prüfungen: Gute Noten.

Neues Geschäft, Berufswechsel oder Spezialisierung, Umzug: Günstig, wenn Sie sorgfältig vorausplanen.

Wetter: Starker Regen und Donner.

HEXAGRAMM 18

Ku

gu

Der Verfall (Die Wiedergutmachung)

Primär	*oben*	*Ken*	*Das Stillhalten*
	unten	*Sun*	*Das Sanfte*
Kern	*oben*	*Chen*	*Das Erregende*
	unten	*Tui*	*Das Heitere*

Ku symbolisiert verrottete Speisen auf einer Platte, die zum Heim von Würmern geworden sind. Es impliziert Chaos, Korruption, Ruin, Täuschung, Vernachlässigung und Fehler. Das obere Trigramm *Ken* repräsentiert die Berge, während das untere Trigramm *Sun* für den Wind steht. Der Wind ist unter dem Berg und wird von ihm festgehalten. Die

Luft kann nicht zirkulieren und so verderben die Dinge und werden wurmstichig. Für die Weissagung bedeutet dies, dass die allgemeine Situation sehr verwirrend und kompliziert ist. Sie müssen sich dringend um Ihre Angelegenheiten kümmern, um alles in Ordnung zu bringen, sonst drohen Sie zu scheitern. Der Kampf gegen den Niedergang kann zum Erfolg führen; Ihr Blatt kann sich wenden.

Die Weissagung

Alles stagniert, überall ist Stillstand. Überall zeigen sich Ärger und Probleme. Sie müssen sich aber auch um Ihre Familie sorgen. Auch Ihr Haushalt kann in Verwirrung und Unordnung stecken. Auch eine verbotene Liebe oder Krankheit sind möglich.

Wunsch: Wird nicht in Erfüllung gehen. Ändern Sie Ihren Kurs und versuchen Sie es noch einmal.

Ehe: Paar nicht füreinander bestimmt. Keine guten Partner. Viele Probleme. Geben Sie die Partnerschaft besser auf.

Liebe: Schon intime Bekanntschaft, aber viele Probleme und viel Ärger. Besser nicht daran festhalten.

Familie: Familie in chaotischem Zustand, viele Sorgen. Bringen Sie Ihre Angelegenheiten entschlossen in Ordnung. Seien Sie sich bewusst, dass dabei die Familie zerbrechen kann.

Kinder: Kinder nicht von bestem moralischem Charakter. Sie richten überall Chaos an und verursachen viele Sorgen. Die Erziehung sollte sehr strikt sein, sonst droht Unheil. Schwangerschaft: Junge.

Kredit: Ohne Erfolg.

Geschäft: Anscheinend können Güter erworben und gelagert, aber nicht verkauft werden.

Börse: Kurse sind niedrig. Baisse.

Lebenserwartung: Krank und schwach. Möglichkeit eines kurzen Lebens. Sie müssen gut auf Ihre Gesundheit achten.

Krankheit: Ernste Erkrankung mit der Möglichkeit einer Operation oder Spezialbehandlung. Erkrankungen des Magens und der Unterleibsregion.

Auf jemanden wartend: Auf dem Weg hat sich etwas ergeben, daher wird die Person nicht kommen.

Nach jemandem suchend: Die Person ist wegen Unstimmigkeiten in der Familie oder wegen unkorrekten Verhaltens gegangen. Suchen Sie in Richtung Nordosten oder Südosten.

Verlorener Gegenstand: Unter etwas oder in einer Kiste verborgen. Suchen Sie im Südosten oder Nordosten.

Reise: Unterwegs Probleme. Verwerfen Sie besser Ihre Reisepläne.

Streitigkeiten: Zeitaufwändig und lang. Nicht einfach zu lösen. Ändern Sie besser Ihre Taktik und kommen Sie zu einer vorteilhaften Lösung.

Beruf: Im Moment keine Aussicht auf Anstellung.

Prüfungen: Sehr schlechte Noten.

Neues Geschäft, Berufswechsel oder Spezialisierung, Umzug: Günstig, aber Sie müssen Ihre Handlungsweise ändern.

Wetter: Wolkig und windig.

HEXAGRAMM 19

Lin

lin

Die Annäherung

Primär	*oben*	*K'un*	*Das Empfangende*
	unten	*Tui*	*Das Heitere*
Kern	*oben*	*K'un*	*Das Empfangende*
	unten	*Chen*	*Das Erregende*

Lin bedeutet Ausweitung, Anstieg und Fortschritt. Da die unteren beiden Linien *Yang*-Linien sind, bedeutet dies, die *Yang*-Kraft ist auf dem

Aufstieg und die *Yin*-Kraft ist im Rückzug begriffen. Das Hexagramm bedeutet auch gegenseitige Hilfe und das Vertrauen darauf, dass die beiderseitigen Erwartungen erfüllt werden. Die Weissagung besagt also, dass sich das Glück Ihnen zuwenden wird, wenn Sie rücksichtsvoll, kooperativ und ohne Druck handeln und sich an die Regeln des Anstandes halten.

Die Weissagung

Sie werden ein glückliches Leben führen und alles wird nach Ihren Wünschen laufen. Dies bedarf aber der Bescheidenheit und dem freundlichen und herzlichen Umgang mit anderen. Sie dürfen nicht arrogant oder eingebildet werden.

Wunsch: Wird sich erfüllen.

Ehe: Partner passen gut zueinander.

Liebe: Erfolg ist möglich – kann aber heiß und kalt sein. Sie müssen ruhig und bedacht bleiben.

Familie: Gedeihend und glücklich.

Kinder: Folgsam, sanft und loyal. Sie dürfen die Kinder aber nicht verwöhnen. Schwangerschaft: Mädchen.

Kredit: Wird gewährt werden.

Geschäft: Leichte und problemlose Erwirtschaftung von Profiten.

Börse: Boomend. Kurse werden steigen.

Lebenserwartung: Natürliche Gesundheit. Wenn Sie auf Ihren Körper achten, werden Sie ein langes Leben führen.

Krankheit: Sie werden sich erholen. Magen- und Darmerkrankungen, Probleme im Harntrakt. Geschlechtskrankheiten.

Auf jemanden wartend: Wird kommen und Freude und Lachen verbreiten.

Nach jemandem suchend: Sie werden die Person bald finden, oder sie kehrt zu den ihren zurück. Suchen Sie Richtung Westen oder Südwesten.

Verlorener Gegenstand: Sie werden ihn finden. Suchen Sie Richtung Westen oder Südwesten.

Reise: Günstig.

Streitigkeiten: Ein Kompromiss wirkt sich günstig aus. Den Fall unnötig weiterzutreiben, führt zu Verlusten.

Beruf: Sie können eine Arbeitsstelle finden.

Prüfungen: Gute Noten.

Neues Geschäft, Berufswechsel oder Spezialisierung, Umzug: Erfolgreich. Sie sollten es wagen.

Wetter: Wolkig, später aufklarend.

HEXAGRAMM 20

Kuan

guan

Das Herabblicken

Primär	*oben*	*Sun*	*Das Sanfte*
	unten	*K'un*	*Das Empfangende*
Kern	*oben*	*Ken*	*Das Stillhalten*
	unten	*K'un*	*Das Empfangende*

Kuan bedeutet Beobachtung, Betrachtung, Kontemplation, Reflektion und Selbstprüfung. Das obere Trigramm ist *Sun,* der Wind und das untere ist *K'un,* die Erde. Das Hexagramm symbolisiert starken Wind, der über die Erde weht. Daher ist es eine Zeit der Bewegung, der Erschütterung und des vorsichtigen Vorgehens. Für die Weissagung deutet dies auf eine ruhige und abwartende Haltung und Bewahren der gegenwärtigen Position hin. Verbesserungen können durch Beobachtung und genaue Selbsteinschätzung erreicht werden.

Die Weissagung

Beginnender Niedergang. Sie sollten nachdenken, in sich gehen und anderen aufrichtig gegenübertreten. So können Sie Frieden, Ruhe und Ihr Glück wahren. Wenn Sie den Rückhalt und die Unterstützung Ihrer Eltern oder Vorgesetzten gewinnen können, besteht die Möglichkeit des Vorwärtskommens.

Wunsch: Erscheint oberflächlich sehr hoffnungsvoll, ist aber in Wahrheit schwer zu erfüllen.

Ehe: Viele Schwierigkeiten. Keine Hoffnung auf Erfolg.

Liebe: Häufige Streitereien. Keine Hoffnung auf Erfolg.

Familie: Das Familienvermögen schwindet. Wenn Sie andere mit viel Respekt und Anstand behandeln, sich sehr bemühen und immer fleißig sind, können Sie aber Frieden und Wohlstand der Familie bewahren.

Kinder: Viele Sorgen und Ärger. Wenn Sie aber viel Zeit und Mühe in die Erziehung stecken, werden die Kinder glücklich und erfolgreich werden. Schwangerschaft: Mädchen.

Kredit: Erfolg ist schwierig.

Geschäft: Es läuft nicht glatt. Wenn Sie aber sorgfältig planen und logisch vorgehen und rasche und überstürzte Entscheidungen vermeiden, werden Sie profitieren.

Börse: Instabiler Markt. Instabile Kurse, die später fallen.

Lebenserwartung: Häufige Erkrankungen. Wenn Sie auf sich achten, können Sie ein langes Leben führen.

Krankheit: Viele Schwankungen. Ob Sie genesen, hängt von genügend Erholung und der richtigen Behandlung ab. Erkrankungen der inneren Organe, des Atmungsapparats, der Unterleibsregion und des Nervensystems.

Auf jemanden wartend: Schwierigkeiten oder Unfall auf dem Weg. Die Person wird nicht kommen.

Nach jemandem suchend: Person driftet in eine ungewisse Richtung. Suchen Sie Richtung Südosten oder Südwesten.

Verlorener Gegenstand: Ist bereits von jemandem gefunden worden. Kann nicht leicht zurückgewonnen werden.

Reise: Eine Besichtigungsfahrt wäre genau richtig.

Streitigkeiten: Viel Arbeit für nichts. Ein Kompromiss wäre das günstigste.

Beruf: Im Moment sehr schwierig. Warten Sie auf einen besseren Zeitpunkt.

Prüfungen: Schlechte Noten.

Neues Geschäft, Berufswechsel oder Spezialisierung, Umzug: Nicht der richtige Zeitpunkt.

Wetter: Starker Wind und instabile Wetterlage.

HEXAGRAMM 21

Shih Ho

shi ho

Das Durchbeißen

Primär	*oben*	*Li*	*Das Haltende*
	unten	*Chen*	*Das Erregende*
Kern	*oben*	*K'an*	*Das Abgründige*
	unten	*Ken*	*Das Stillhalten*

Shih Ho symbolisiert das Bild von Lippen, die sich wieder treffen, nachdem sie etwas gekaut haben. Die obere und die untere *Yang*-Linie bilden dabei die Lippen, die *Yin*-Linien auf Position zwei, drei und fünf bilden die Zähne. Die *Yang*-Linie auf vier ist dazwischengeklemmt, als ob sie gekaut würde. Nach dem Kauen treffen die Lippen sich wieder. Für die Weissagung deutet dies auf Hindernisse, die aber aus dem Weg geräumt werden können, wenn man an seinen Zielen festhält.

Die Weissagung

Die Dinge laufen nicht wie erhofft, es gibt Schwierigkeiten. Sie müssen handeln. Passivität führt ins Verderben. Wenn Sie mit Mut voranschreiten, können Sie Ihre Ziele erreichen. Es besteht die Möglichkeit, dass Sie mit jemandem in Streit geraten. Am besten regeln Sie solche Probleme persönlich. Verlassen Sie sich nicht auf andere. Möglich ist auch, dass jemand schlecht über Sie spricht oder dass Sie aufgrund einer Frau Schaden erleiden.

Wunsch: Durch Hindernisse ist die Erfüllung schwierig. Wenn Sie aber mit positiver Energie herangehen, können Sie Ihre Ziele erreichen.

Ehe: Zuerst viele Hindernisse und Meinungsverschiedenheiten. Dann aber nähern sich die Partner an und einigen sich. Der Erfolg hängt von positivem Handeln ab.

Liebe: Auf der Hälfte des Wegs wird eine Person des anderen Geschlechts ein Stolperstein sein. Wenn Sie sich immer bemühen, ist Ihnen der Erfolg sicher.

Familie: Die Partner passen nicht zueinander. Kummer und Verbitterung. Sind beide Partner tolerant und bereit nachzugeben, können die Dinge sich bessern.

Kinder: Alle Kinder haben einen starken Willen und sind eigensinnig. Sie hören nicht auf ihre Eltern und wenden sich sogar gegen sie. Sie benötigen eine strenge Erziehung. Schwangerschaft: Mädchen.

Kredit: Hindernisse gestalten die Realisierung schwierig.

Geschäft: Viele Hürden. Geschäfte werden nicht wie gewünscht laufen. Mit positiver Energie können Sie erfolgreich sein.

Börse: Aktiver Markt. Die Kurse steigen.

Lebenserwartung: Viele gesundheitliche Probleme. Sie benötigen viel Selbstdisziplin, um Ihre Gesundheit zu bewahren.

Krankheit: Schwere Erkrankung. Um zu genesen, müssen Sie sich einer Operation oder eine speziellen Behandlung unterziehen. Bösartige Erkrankungen.

Auf jemanden wartend: Wird nicht kommen. Am besten machen Sie sich auf die Suche.

Nach jemandem suchend: Die Person ist aus triftigen Gründen oder wegen einer Auseinandersetzung gegangen. Sie ist in großer Gefahr. Bitten Sie die Behörden, nach ihr zu suchen.

Verlorener Gegenstand: Ist bereits von jemandem gefunden worden und kann nicht wiedererlangt werden.

Reise: Unterwegs wird es schwer sein, einem Missgeschick aus dem Weg zu gehen. Schließlich gelangen Sie aber sicher ans Ziel.

Streitigkeiten: Starkes, durchsetzungskräftiges Auftreten wird Ihnen Erfolg bringen.

Prüfungen: Sie werden große Schwierigkeiten haben, aber bestehen.

Beruf: Schwierig. Nur wenn Sie positiv auftreten, werden Sie etwas finden.

Neues Geschäft, Berufswechsel oder Spezialisierung, Umzug: Viele Hindernisse. Gehen Sie forsch vor und Sie werden Erfolg haben.

Wetter: Nach heftigem Regen und starkem Wind klart das Wetter auf.

HEXAGRAMM 22

Pi

bi

Die Vornehmheit

Primär	*oben*	*Ken*	*Das Stillhalten*
	unten	*Li*	*Das Haltende*
Kern	*oben*	*Chen*	*Das Erregende*
	unten	*K'an*	*Das Abgründige*

Pi bedeutet Schmuck, schöne Farben, schöne Erscheinung, Eleganz, Dekoration und Ornamente. *Ken,* das obere Trigramm, symbolisiert den

Berg und das untere, *Li,* die Sonne. Das Bild des Hexagramms ist also die Sonne, die hinter den westlichen Bergen untergeht, eine wunderschöne Szenerie im Abendlicht. Für die Wahrsagung bedeutet dies den Abschied von einer schönen Phase. Die oberflächliche Schönheit wird bald vergehen. Wenn die Sonne hinter den Bergen untergeht, sind ihre Strahlen schwach. Man kann nur noch das sehen und erkennen, was in unmittelbarer Nähe ist. Weitsichtigkeit und Vorausdenken sind schwer. Das Bild steht also für Fehler in der Planung und Beurteilung. Sie müssen besonders vorsichtig sein und sich gegen Betrügereien wappnen.

Die Weissagung

Jegliche Tätigkeit im Bereich der Künste ist günstig. In kleinen Unternehmungen können Sie erfolgreich sein, bei allem Großen übersteigt der Wille die Fähigkeiten. Vorsicht, man könnte versuchen, Sie hereinzulegen, zu betrügen oder zu verleumden.

Wunsch: Bescheidene Wünsche können erfüllt werden, Großes und Ausgefallenes bleibt ein Traum.

Ehe: Der Partner könnte etwas verbergen. Sie sollten sich darum kümmern und entscheiden, wenn alles offen liegt.

Liebe: Erfolg ist möglich. Wer seine Hoffnungen aber zu hoch hängt, wird enttäuscht.

Familie: Das Äußere kann täuschen – dahinter verbergen sich Armut und Kummer. Wer auf Eitelkeit, Prahlerei und Luxus verzichtet, kann den Wohlstand der Familie sichern.

Kinder: Es besteht die Möglichkeit, dass die Kinder schwach und kränklich sind. Schwangerschaft: Mädchen.

Kredit: Ein kleiner Kredit ist möglich, aber kein großer.

Geschäft: Erfolg und Profit.

Börse: Ein falscher Boom. Die Kurse werden bald fallen.

Lebenserwartung: Schwache Konstitution. Wenn Sie nicht Selbstdisziplin üben, wird Ihr Leben wahrscheinlich nicht lange währen.

Krankheit: Schwerer, als es auf den ersten Blick erscheint. Kümmern Sie sich um Ihre Gesundheit, sonst könnte Ihr Leben in Gefahr sein.

Auf jemanden wartend: Die Person wird kommen, aber eine Enttäuschung bringen.

Nach jemandem suchend: Die Person wird bald zurückkehren oder ihr Aufenthaltsort wird bekannt. Möglicherweise hält sich die Person im Haus eines Freundes oder Verwandten im Süden oder Nordosten auf oder sie versteckt sich dort.

Verlorener Gegenstand: Aus Versehen in etwas hineingelegt. Suchen Sie im Süden oder Nordosten.

Reise: Eine kurze Reise ist günstig, eine lange nicht.

Streitigkeiten: Missgeschick, aber ein Kompromiss ist möglich.

Beruf: Sie können eine Stelle finden. Die Anforderungen sind aber zu hoch und Sie werden scheitern.

Prüfungen: Gute Noten.

Neues Geschäft, Berufswechsel oder Spezialisierung, Umzug: Günstig.

Wetter: Klar, wird sich aber bald bewölken.

HEXAGRAMM 23

Po

bo

Das Häuten

Primär	*oben*	*Ken*	*Das Stillhalten*
	unten	*K'un*	*Das Empfangende*
Kern	*oben*	*K'un*	*Das Empfangende*
	unten	*K'un*	*Das Empfangende*

Po bedeutet zurückgestutzt, aufgeschnitten, schmaler Streifen, entblößen oder die Haut abziehen. Im Hexagramm fällt auf, dass die durchbrochenen Yin-Linien dominieren und aufsteigen und nur noch eine *Yang*-Linie übrig ist. Die *Yang*-Kraft scheint zu schwanken und kurz vor dem Fall zu stehen. Das obere Trigramm *Ken* steht für die Berge und das untere Trigramm *K'un* für die Erde. Der hohe Berg kann dem Ansturm von Wind und Regen nicht widerstehen, wird abgetragen und fällt in sich zusammen. Für die Weissagung bedeutet dieses Hexagramm, dass das Glück am Tiefpunkt ist. Man kann nur abwarten, die Stellung halten und auf eine Wendung zum Besseren hoffen.

Die Weissagung

Das Glück hat Sie verlassen. Sorgen, Armut, schlechte Geschäfte oder schlechte Aussichten im Beruf sind möglich. Sie könnten auch in eine Liebesaffäre verstrickt, betrogen oder verleumdet werden oder jemand spielt Ihnen übel mit. All dies führt zu finanziellen Verlusten, Armut und ähnlichem. Sie müssen vorsichtig sein und sich vielleicht auch zurückziehen, um Ihre Stellung zu halten.

Wunsch: Wird nicht in Erfüllung gehen.

Ehe: Eine schlechte Paarung. Wenn Sie heiraten, wird der Ehemann zuerst sterben. Ist ein Dritter bei der Partnersuche beteiligt oder hat Sie jemandem vorgestellt, können Sie ihm nicht trauen.

Liebe: Wird in einer Tragödie oder in der Ablehnung enden. Sie könnten sogar vertrieben werden.

Familie: Schwindender Wohlstand. Darüber hinaus sind sich die Familienmitglieder mehr oder weniger gleichgültig. Sie müssen Kummer und Not geduldig ertragen, wenn die Familie wieder Glück und Wohlstand erlangen will.

Kinder: Keine oder schwache und kranke Kinder. Schlechtes Auskommen zwischen Eltern und Kindern. Schwangerschaft: Mädchen.

Kredit: Wird nicht gewährt.

Geschäft: Misserfolg und Verluste. Ziehen Sie sich besser zurück, solange Sie noch können.

Börse: Rezession.

Lebenserwartung: Krankheit und kurzes Leben. Sie müssen sich in Selbstdisziplin üben.

Krankheit: Bei schweren Erkrankungen ist die Heilung sehr ungewiss. Geschlechtskrankheiten, Bauchfellentzündung, Tuberkulose, Lungenerkrankungen oder Beschwerden am Kopf.

Auf jemanden wartend: Person wird nicht kommen. Kommt sie aber doch, wird sie Probleme bringen.

Nach jemandem suchend: Die Person ist aufgrund eines Versagens, wegen Geldproblemen oder einer Liebesaffäre gegangen. Suchen Sie Richtung

Nordosten oder Südwesten in den Bergen oder in der Nähe eines Gewässers. Vielleicht haben Sie keinen Erfolg mit der Suche.

Verlorener Gegenstand: Gestohlen oder verloren. Sie werden ihn nicht wiederbekommen.

Reise: Unterwegs kann es Probleme geben. Es ist besser, nicht zu verreisen.

Streitigkeiten: Vernichtende Niederlage.

Beruf: Im Moment keine Aussichten.

Prüfungen: Sehr schlechte Noten.

Neues Geschäft, Berufswechsel oder Spezialisierung, Umzug: Sehr ungünstig. Sie sollten Ihre Pläne verwerfen.

Wetter: Anhaltendes schlechtes Wetter.

HEXAGRAMM 24

Fu

fu

Die Wiederkehr

Primär	*oben*	*K'un*	*Das Empfangende*
	unten	*Chen*	*Das Erregende*
Kern	*oben*	*K'un*	*Das Empfangende*
	unten	*K'un*	*Das Empfangende*

Fu bedeutet die Rückkehr zum Anfang und Neubeginn. Die unterste, durchgezogene Linie repräsentiert die *Yang*-Kraft, die von unten aufsteigt. Die *Yang*-Kraft setzt sich also in Bewegung und eine Unmenge von Dingen wird dadurch vitalisiert und gewinnt langsam an Kraft. In der Weissagung bedeutet dies, dass sich die Dinge zum Besseren wenden – so als ob der Frühling bald ausbricht. Die Dinge werden sich nach und nach bessern.

Die Weissagung

In letzter Zeit hatten Sie wenig Glück, aber das wird sich nun ändern. Gehen Sie vorsichtig und in gemessenen und logischen Schritten vor. Alles wird sich zum Besseren wenden. Handeln Sie nicht überstürzt oder impulsiv. Das Hexagramm deutet ebenso an, dass Ihre Pläne anfangen, Früchte zu tragen.

Wunsch: Wird bald in Erfüllung gehen. Bleiben Sie geduldig und überstürzen Sie nichts.

Ehe: Beharrlichkeit führt zum Erfolg. Eine gute Paarung, die nach und nach reift und gedeiht. Eine Wiederverheiratung oder eine zweite und dritte Ehe sind nicht ausgeschlossen.

Liebe: Aufrichtigkeit und Beharrlichkeit bringen Erfolg. Möglicherweise hat ein junger Mann viele Freundinnen.

Familie: Das Aufkommen von Glück und Wohlstand.

Kinder: Viele Kinder. Mehr Jungen als Mädchen. Die Zukunft der Jungen verspricht Leistung und Erfolg. Schwangerschaft: Junge.

Kredit: Baldiger Erfolg.

Geschäft: In letzter Zeit schlecht, aber beständige Steigerung.

Börse: Langsam und beständig steigende Kurse.

Lebenserwartung: In der Jugend etwas schwach und anfällig. Stetig robuster werdende Konstitution – ein langes Leben.

Krankheit: Die Behandlung wird länger dauern, aber Sie werden sich erholen. Magen- und Darmerkrankungen, Neuralgien.

Auf jemanden wartend: Wird kommen, aber spät.

Nach jemandem suchend: In sieben Tagen wird die Person von alleine zurückkehren oder ihr Aufenthaltsort wird bekannt. Suchen Sie im Osten oder Südwesten.

Verlorener Gegenstand: Er kann gefunden werden, wenn Sie geduldig suchen. Suchen Sie im Osten oder Südwesten.

Reise: Günstig.

Streitigkeiten: Zeitaufwändiges und langwieriges Unterfangen. Wird aber positiv für Sie ausgehen.

Beruf: Kein Problem, wenn Sie noch ein paar Tage warten.

Prüfungen: Sie machen Fortschritte. Bessere Noten.

Neues Geschäft, Berufswechsel oder Spezialisierung, Umzug: Günstig.

Wetter: Das Wetter wird stetig besser.

H E X A G R A M M 2 5

Wu Wang

wu wang

Die Unschuld (Das Unerwartete)

Primär	*oben*	*Ch'ien*	*Das Schöpfende*
	unten	*Chen*	*Das Erregende*
Kern	*oben*	*Sun*	*Das Sanfte*
	unten	*Ken*	*Das Stillhalten*

Wu Wang bedeutet Folgen aus freien Stücken, ohne jeglichen Zwang. Das obere Trigramm *Ch'ien* steht für den Himmel, während das untere Trigramm *Chen* den Donner repräsentiert und Dynamik vermittelt. *Wu Wang* steht damit für die Bewegung im Orbit, den himmlischen Weg und die Naturgesetze. So steht das Hexagramm auch für die vier Jahreszeiten und das Wachsen und Gedeihen der Dinge im natürlichen Rhythmus. Für die Weissagung bedeutet dies, dass jetzt die Zeit ist, den Dingen ihren natürlichen Lauf zu lassen – Dinge einfach geschehen zu lassen. Versuchen Sie nicht, in etwas einzugreifen, versäumen Sie aber auch nicht, die Dinge zu erledigen, die Sie zu tun haben. Schließlich müssen Sie Ihre Verantwortung tragen.

Die Weissagung

Lassen Sie sich nicht dazu hinreißen, nur den eigenen Vorteil zu suchen oder nur ihre persönlichen Wünsche und Hoffnungen zu erfüllen. Dies führt ins Verderben. Begegnen Sie Menschen und handeln Sie immer aufrichtig. Folgen Sie dem natürlichen Lauf der Dinge und alles wird sich positiv entwickeln. Zu starkes Streben oder zu heftige Bemühungen verkehren sich ins Gegenteil.

Wunsch: Wenn Sie sich ruhig verhalten und nichts überstürzen, wird sich alles erfüllen. Abkürzungen und Hektik führen ins Verderben.

Ehe: Ehrlichkeit, Aufrichtigkeit und Offenheit führen zum Erfolg. Wenn die Partner ehrlich miteinander umgehen, führt die Ehe zum Glück.

Liebe: Der Erfolg hängt von gegenseitiger Wertschätzung und Ehrlichkeit ab.

Familie: Glücklich und harmonisch.

Kinder: Viele Kinder und Glück. Sie dürfen aber nicht verwöhnt werden und ihre Erziehung darf nicht vernachlässigt werden. Schwangerschaft: Junge.

Kredit: Der gewünschte Betrag kann vielleicht erlangt werden. Unorthodoxe Methoden führen jedoch zu Misserfolg.

Geschäft: Ehrliche Geschäftspraktiken führen zum Erfolg. Wer auf zu hohe Profite spekuliert, wird scheitern.

Börse: Steigende Kurse.

Lebenserwartung: Von Natur aus gesund. Langes Leben.

Krankheit: Gute Pflege führt zu Genesung. Eine Vernachlässigung der Rehabilitationsmaßnahmen führt ins Unglück. Erkrankungen der inneren Organe, des Atmungsapparats und des Nervensystems.

Auf jemanden wartend: Wird kommen.

Nach jemandem suchend: Person ging wegen einer Frau. Sie versteckt sich an einem engen Ort. Sie wird gefunden werden.

Verlorener Gegenstand: Weit entfernt. Suchen Sie im Osten oder Nordwesten.

Reise: Möglich.

Streitigkeiten: Ist Ihr Anliegen vernünftig, werden Sie Erfolg haben. Unsinnige oder unlogische Forderungen führen zu Misserfolg.

Beruf: Wenn Sie aufrichtig suchen, werden Sie eine Stelle finden.

Prüfungen: Ehrliche Anstrengung wird zu guten Ergebnissen führen. Reines Raten führt zum Scheitern.

Neues Geschäft, Berufswechsel oder Spezialisierung, Umzug: Erzwingen Sie nichts. Natürliche Entwicklungen sind vielversprechend.

Wetter: Klar, später bewölkt. Windig.

HEXAGRAMM 26

Ta Ch'u

da chu

Der große Ernährer

䷙	*Primär*	*oben*	*Ken*	*Das Stillhalten*
		unten	*Ch'ien*	*Das Schöpfende*
	Kern	*oben*	*Chen*	*Das Erregende*
		oben	*Tui*	*Das Heitere*

Ta Ch'u bedeutet Anhäufen, Sparen und Lagern. Gleichzeitig bedeutet es Fülle und Überfluss. Das Bild impliziert das Anhalten und Warten, bis alles gefüllt ist. Das obere Trigramm *Ken* bedeutet Bewegungslosigkeit, während das untere Trigramm *Ch'ien* Stärke und Vorwärtsbewegung symbolisiert. Diese Bewegung wird im Hexagramm aber durch *Ken* gestoppt. Und so ist es bewegungslos und füllt oder sammelt sich. Für die Weissagung bedeutet dies, dass Ihr Wohlstand, Ihre Kraft, Ihre Intelligenz usw. sich sammeln und zu reifen beginnen. Sie werden später zu voller Blüte gelangen.

Die Weissagung

Im Moment Stagnation und Rückschritte. Die Dinge laufen nicht wie erhofft. Wenn Sie aber harte Arbeit nicht scheuen und ruhig und bedacht bleiben, werden Sie alle Schwierigkeiten überwinden und in naher Zukunft Ihre Ziele erreichen. Das Hexagramm deutet darauf hin, dass es

Ihnen möglich sein kann, etwas Geld zu sparen, ein Geschäft zu tätigen, die Unterstützung oder Freundschaft eines Vorgesetzten zu gewinnen, befördert zu werden oder Ihre Studien voranzutreiben.

Wunsch: Im Moment Probleme. Handeln Sie nicht überstürzt, dann werden Sie nach und nach Erfolg haben.

Ehe: Initiative wird belohnt. Beide Seiten nehmen die Liebe und das Leben ernst.

Liebe: Widerstand der älteren Generation und von einem Dritten. Bleiben Sie beharrlich und Sie werden Erfolg haben.

Familie: Zu Beginn Kummer. Bleiben Sie aber beharrlich auf Ihrem Weg, werden Glück und Wohlstand der Familie beständig wachsen. Mögliche Erbschaft. Erfolg ist auch möglich, wenn Sie alleine ein neues Leben in der Fremde beginnen wollen.

Kinder: Zunächst bringen die Freunde der Kinder Ärger. Später folgen Erfolg und Glück. Schwangerschaft: Junge.

Kredit: Im Moment schwierig. Nach und nach stellt sich Erfolg ein.

Geschäft: Größerer Profit; frühestens in 30 Tagen, aber spätestens in drei Monaten.

Börse: Kurse werden noch einige Zeit lang fallen, dann aber steigen.

Lebenserwartung: In jungen Jahren viele Erkrankungen. Später Gesundheit und langes Leben.

Krankheit: Schwer und langwierig. Erkrankungen im Brust- und Bauchbereich.

Auf jemanden wartend: Wird nicht sofort kommen, aber nach einiger Zeit auftauchen.

Nach jemandem suchend: Es wird einige Zeit dauern. Nach langer Suche wird die Person entweder von alleine zurückkehren oder Sie werden sie finden. Suchen Sie im Nordwesten oder Nordosten.

Verlorener Gegenstand: In etwas anderem verlegt. Es wird dauern, aber Sie werden ihn finden. Suchen Sie Richtung Nordosten.

Reise: Plötzliche und unerwartete Hindernisse.

Streitigkeiten: Ärgerlich und zeitaufwändig, aber schließlich von Erfolg gekrönt.

Beruf: Es wird einige Zeit dauern, aber Sie werden eine gute Anstellung finden.

Prüfungen: Gute Noten.

Neues Geschäft, Berufswechsel oder Spezialisierung, Umzug: Günstig.

Wetter: Sehr schlecht, wird aber aufklaren.

HEXAGRAMM 27

yi

Die Ernährung (Der offene Mund)

Primär	*oben*	*Ken*	*Das Stillhalten*
	unten	*Chen*	*Das Erregende*
Kern	*oben*	*K'un*	*Das Empfangende*
	unten	*K'un*	*Das Empfangende*

I bedeutet die Wangen und die Ernährung. Ernährung steht hierbei für die Aufnahme von Nährstoffen aus Lebensmitteln, das Anhäufen von Wissen, das Lernen, die Entwicklung der eigenen Gedanken und die Bildung des Charakters. Die oberste und unterste Linie des Hexagramms sind *Yang*-Linien, die an Ober- und Unterlippe erinnern. Die durchbrochenen *Yin*-Linien dazwischen repräsentieren die Zähne. Gutes Essen wird den Körper nähren, schlechtes wird dem Körper schaden. Ebenso gilt für die Ernährung des Geists, dass anerkanntes Wissen richtig sein muss. Für die Weissagung bedeutet dies, dass jemandem, der mit Bedacht redet, mit Mäßigung isst und trinkt, seinen Charakter bildet und im Umgang mit Anderen und in Geschäften aufrichtig ist, Glück beschieden sein wird. Wer sich nicht daran hält, wird allerdings scheitern.

Die Weissagung

Impulsives Handeln führt zu Niederlagen. Bleiben Sie auf dem rechten Weg, bilden Sie Ihren Charakter und Ihre Fähigkeiten und Sie werden erfolgreich sein. Unbedachte Worte und Taten können zu Misserfolgen führen. Wer seine Gesundheit vernachlässigt, kann krank werden. Untergebene können versuchen, Sie in etwas zu verwickeln. Kooperationen sind etwas aussichtsreicher als Alleingänge.

Wunsch: Erfüllung nach anfänglichen Schwierigkeiten.

Ehe: Sie sollten sich ein genaues Bild über die Gesundheit des Partners machen, bevor Sie sich entscheiden. Der Erfolg hängt vom gegenseitigen Vertrauen der Partner ab.

Liebe: Sie treffen sich bereits – Kino, Kaffee, Essen, Tanzen usw. Gefühle können das Urteilsvermögen trüben. Vielleicht richten Sie Ihren Blick zu hoch. Sammeln Sie sich und starten Sie erneut mit klarem Kopf.

Familie: Zeit des Niedergangs. Ehre und guter Ruf sind verloren. Konkurs. Zeit der Bitterkeit. Sie müssen die Situation, Ihre Worte und Taten ruhig einschätzen und gründlich planen, um das Blatt für die Familie zu wenden.

Kinder: Verwöhnen hat den Kindern geschadet. Sie müssen Ihre bisherige Erziehung überdenken und Ihre Erziehungsmethoden ändern. Schwangerschaft: Mädchen.

Kredit: Erfolg nach anfänglichen Schwierigkeiten.

Geschäft: Wägen Sie Geschäftsmöglichkeiten gründlich ab und handeln Sie ehrlich. Seien Sie weder unaufrichtig noch habgierig. Dann wird sich der Erfolg einstellen.

Börse: Niedrige Kurse. Werden später steigen.

Lebenserwartung: Übermäßiges Essen und Trinken schadet Ihrer Gesundheit und verkürzt Ihr Leben. Führen Sie ein maßvolles, geregeltes Leben und achten Sie auf Ihre Gesundheit.

Krankheit: Gefährlich. Auf die Erholung sollte besonderer Wert gelegt werden. Erkrankungen des Magen-Darm-Trakts, der Zähne und des Halses.

Auf jemanden wartend: Wird nicht kommen.

Nach jemandem suchend: Die Person ist nicht weit weg. Hält sich in der Nähe auf oder versteckt sich. Suchen Sie von Osten nach Nordosten.

Verlorener Gegenstand: Im Haus verlegt. Unter etwas anderem verborgen. Suchen Sie von Osten nach Nordosten.

Reise: Anfangs nicht besonders angenehm, aber am Ende viel besser.

Streitigkeiten: Ungünstig. Schließen Sie besser einen Kompromiss.

Beruf: Strengen Sie sich an und Sie werden Erfolg haben.

Prüfungen: Gute Noten.

Neues Geschäft, Berufswechsel oder Spezialisierung, Umzug: Nicht der richtige Zeitpunkt. Warten Sie auf einen günstigeren Moment.

Wetter: Wolkig.

HEXAGRAMM 28

Ta Kuo

da guo

Das Übermaß

Primär	*oben*	*Tui*	*Das Heitere*
	unten	*Sun*	*Das Sanfte*
Kern	*oben*	*Ch'ien*	*Das Schöpfende*
	unten	*Ch'ien*	*Das Schöpfende*

Ta Kuo bedeutet Übermaß und übermäßige Kraft. Das obere Trigramm *Tui* steht für die Sümpfe und das untere Trigramm *Sun* für die Bäume. Die Bäume werden von zu viel Wasser umschwemmt und sterben ab. In der Weissagung bedeutet dies, dass Ihre Sorgen und Nöte zu schwer für Ihre Schultern sind. Ihre Kräfte reichen nicht aus. Eine sehr sorgenvolle Zeit.

Die Weissagung

Sorgen und Verantwortung lasten schwer auf Ihnen. Sie werden die Last nicht vollständig tragen können und werden Rückschläge erfahren. Sie sollten Ihre Stärken und Schwächen genau gegeneinander abwägen und dann entsprechend handeln. Dann wird sich das Blatt vielleicht für Sie wenden. Komplikationen können auf Sie zukommen und auch Körper und Geist können beeinträchtigt werden. Sie können aber auch Opfer eines bürokratischen Fehlers oder einer Überschwemmung werden. Übereiltes, blindes Handeln führt zum Scheitern.

Wunsch: Die Hoffnungen sind zu hoch geschraubt.

Ehe: Eine ungünstige Paarung. Selbst wenn die Hochzeit stattfindet, ist dies keine liebevolle Ehe, oder die Partner verbringen ihre Leben getrennt. Verbitterung und Schmerz.

Liebe: Bereits intime Bekanntschaft. Sie können sich nicht voneinander losreißen, obwohl die Partner nicht zueinander passen.

Familie: Schwindender Wohlstand, Kummer und Sorgen. Sie müssen Ihren Haushalt neu ordnen und die Ausgaben verringern, damit sich Ihre finanzielle Lage bessern kann.

Kinder: Viele Kinder. Ihre Erziehung ist schwierig. Zwischen Eltern und Kindern fehlt es an Verständnis und Versöhnlichkeit. Seien Sie Ihren Kindern Leitbild und Stütze, dann werden alle glücklich. Schwangerschaft: Junge.

Kredit: Alles erscheint zunächst hoffnungsvoll, ist aber nur leeres Gerede. Kredit wird schwer zu bekommen sein.

Geschäft: Hohe Preise, aber instabile Situation. Baldiger Verkauf könnte Profit einbringen.

Börse: Hohe Kurse. In wenigen Tagen starker Preissturz.

Lebenserwartung: Von Natur aus gesund, aber Gefahr durch Überarbeitung und Überlastung, die zu Krankheit und sogar Tod führen können. Vermeiden Sie zu viel Arbeit und Stress und achten Sie auf sich. Dann können Sie ein langes Leben genießen.

Krankheit: Schwer, aber nicht hoffnungslos. Erkrankungen des Rückenmarks und der Lunge.

Auf jemanden wartend: Die Person wird nicht kommen.

Nach jemandem suchend: Person ist weit entfernt und kann nicht leicht gefunden werden. Suchen Sie Richtung Westen oder Südosten.

Verlorener Gegenstand: Kann nicht leicht gefunden werden.

Reise: Hindernisse und Gefahren möglich. Sagen Sie die Reise am besten ab.

Streitigkeiten: Niederlage möglich. Schließen Sie besser einen Kompromiss.

Beruf: Schwierigkeiten.

Prüfungen: Schwierige Fragen bereiten Ihnen Probleme.

Neues Geschäft, Berufswechsel oder Spezialisierung, Umzug: Zunächst Schwierigkeiten, doch später wird alles glatt laufen.

Wetter: Bei Sonnenauf- und -untergang bewölkt, dazwischen Aufheiterungen.

HEXAGRAMM 29

K'an

kan

Der Abgrund

Primär	*oben*	*K'an*	*Das Abgründige*
	unten	*K'an*	*Das Abgründige*
Kern	*oben*	*Ken*	*Das Stillhalten*
	unten	*Chen*	*Das Erregende*

Beide Trigramme sind *K'an,* warum auch das Hexagramm diesen Namen trägt. *K'an* bedeutet Ärger und Gefahr und steht auch für das Wasser. Wasser oben und unten bedeutet, dass seine Tiefe nicht bestimmt werden kann. Riesige, unruhige, fließende und schäumende Wassermassen – ein sehr beunruhigendes Bild. Gefahr des Ertrinkens. In der Weissagung spricht dies für viel Unglück und für eine Zwickmühle, in der sowohl vor als auch hinter Ihnen Gefahren lauern.

Die Weissagung

Viel Kummer und Probleme. Sie benötigen eine feste Überzeugung und dürfen vor Problemen nicht zurückschrecken. Sie können nur auf bessere Zeiten hoffen. Sie können weder vor noch zurück. Sie können körperlich und geistig an Unruhe leiden und schlecht entspannen. Wenn Sie sich treiben lassen, könnten Sie beraubt oder betrogen werden, krank werden oder sich verletzen.

Wunsch: Viele Probleme bei der Realisierung.

Ehe: Keine ideale Paarung. Schwierigkeiten auf beiden Seiten machen einen Erfolg schwierig. Der Mann könnte zum zweiten oder dritten Mal heiraten und sich seiner Liebe nicht sicher sein. Die Hochzeit mit einem älteren Partner verspricht hingegen Glück.

Liebe: Viel Leid und Schmerz. Erfolg ist sehr schwierig.

Familie: Viele Probleme, die Sie geduldig ertragen müssen. Es kann eine Wendung zum Besseren geben. Die Familie kann sich aber auch im Disput trennen.

Kinder: Kinder bereiten viele Sorgen. Die Erziehung ist harte Arbeit, bringt aber Hoffnung für die Zukunft. Schwangerschaft: Junge. Geburt kann problematisch sein.

Kredit: Schwierig, macht den Erfolg aber möglich.

Geschäft: Nicht reibungslos. Handeln Sie nicht überstürzt oder impulsiv und warten Sie auf eine bessere Gelegenheit.

Börse: Fallende Kurse.

Lebenserwartung: Schwache Konstitution und ein kurzes Leben. Sie müssen sich in Selbstdisziplin üben.

Krankheit: Sehr ernste Erkrankung. Herzleiden, Lebererkrankungen oder Bauchfellentzündung.

Auf jemanden wartend: Wird nicht oder erst nach sehr langer Zeit kommen.

Nach jemandem suchend: Die Person ist in Gefahr. Ist wegen Streitigkeiten in der Familie gegangen, weil man ihr ihren Willen nicht ließ. Suchen Sie im Norden.

Verlorener Gegenstand: Verlegt oder gestohlen. Sie werden ihn nicht wiederfinden.

Reise: Sie sollten nicht reisen, denn es drohen Schwierigkeiten.

Streitigkeiten: Langwierige, zeitaufwändige Angelegenheit ohne guten Ausgang.

Beruf: Im Moment hoffnungslos.

Prüfungen: Sehr schlechte Noten.

Neues Geschäft, Berufswechsel oder Spezialisierung, Umzug: Ungünstig. Warten Sie auf einen besseren Zeitpunkt.

Wetter: Eine Reihe regnerischer Tage.

HEXAGRAMM 30

Li

li

Die flammende Schönheit

Primär	*oben*	*Li*	*Das Haltende*
	unten	*Li*	*Das Haltende*
Kern	*oben*	*Tui*	*Das Heitere*
	unten	*Sun*	*Das Sanfte*

Da sowohl das obere als auch das untere Trigramm *Li* sind, ist auch der Name des Hexagramms *Li.* Es bedeutet Helligkeit, Leuchtkraft und Schönheit und symbolisiert die Sonne und das Feuer. Das Hexagramm versinnbildlicht eine gerade untergehende Sonne, auf die sofort eine aufgehende Sonne folgt. Sie scheint auf alles herab und lässt es erblühen und reifen. Eine reiche Szenerie erscheint. Für die Weissagung bedeutet dies, dass für aufrechte und ehrliche Menschen alles leicht und problemlos verlaufen wird, wie die Sonne, die über das Firmament gleitet. Auf diejenigen aber, deren Herz unrein und unehrlich ist, wartet das Scheitern.

Die Weissagung

Wenn Sie auf dem rechten Pfad bleiben, ist Ihnen Glück beschieden. Bleiben Sie bescheiden und zuvorkommend, respektieren Sie die Meinung anderer und unternehmen Sie viel mit anderen Menschen. Geschäftliche Kooperationen sind erfolgreich. Folgen Sie den Ratschlägen Ihrer Eltern. Impulsives, übereiltes und blindes Handeln führt zum Scheitern.

Wunsch: Wenn Sie aufrichtig sind, werden Sie Erfolg haben. Möglicherweise erhalten Sie Hilfe.

Ehe: Eine gute Paarung. Vertrauen Sie auf die Hilfe eines erfahrenen Dritten bei der Partnersuche. Halten Sie Kontakt und Sie werden Erfolg haben.

Liebe: Beide Seiten sind leidenschaftlich. Aber überstürztes Handeln wird zum Misserfolg führen.

Familie: Glücklich und gedeihend. Überheblichkeit und Eingebildetheit führen aber ins Verderben.

Kinder: Viele Kinder und Glück. Schwangerschaft: Mädchen.

Kredit: Erfolg durch Hilfe eines Dritten.

Geschäft: Sie können Profit erwirtschaften.

Börse: Steigende oder bald steigende Kurse.

Lebenserwartung: Gesundes und langes Leben.

Krankheit: Schwere Erkrankung. Genesung durch gezielte Rekonvaleszenz. Fieber, Augenerkrankungen, Erkrankungen der Unterleibsregion.

Auf jemanden wartend: Wird kommen.

Nach jemandem suchend: Person wurde von zu Hause weggelockt oder aufgehetzt. Suchen Sie gen Süden.

Verlorener Gegenstand: Hängt oder klebt an etwas anderem. Wenn sie gründlich suchen, werden Sie ihn finden. Suchen Sie im Süden.

Reise: Günstig.

Streitigkeiten: Wenn die Vernunft auf Ihrer Seite ist oder die andere Seite skrupellose Methoden verwendet, werden Sie gewinnen. Das Gegenteil führt zum Verlust.

Beruf: Vertrauen Sie auf die ältere Generation und warten Sie ab, bis die Zeit reif ist. Dann finden Sie eine gute Stellung.

Prüfungen: Gute Noten.

Neues Geschäft, Berufswechsel oder Spezialisierung, Umzug: Mit gründlicher Vorbereitung können Sie es wagen. Nachlässigkeit führt aber zu Misserfolg.

Wetter: Klar und sehr heiß.

HEXAGRAMM 31

Hsien

xian

Die Anziehung (Die Gefühlserregung)

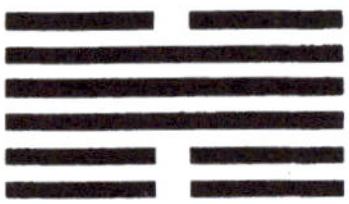

Primär	*oben*	*Tui*	*Das Heitere*
	unten	*Ken*	*Das Stillhalten*
Kern	*oben*	*Ch'ien*	*Das Schöpfende*
	unten	*Sun*	*Das Sanfte*

Hsien bedeutet Gefühl und erwidertes Gefühl – gegenseitige Beeinflussung. Die gesamte Welt schwingt mit Gefühlen und Sympathien – am offensichtlichsten in der Anziehung zwischen Mann und Frau. Das obere Trigramm *Tui* symbolisiert junge Frauen und das untere Trigramm *Ken* steht für junge Männer und Jugend. Im Hexagramm ist der junge Mann also unter der jungen Frau – es gibt Aktion und Reaktion. *Tui* steht aber auch für Freude und Glück und *Ken* für Ruhe und Beendigung. Das

Hexagramm deutet so Ruhe und Frieden an, die durch Freude und Glück entstehen. Für die Weissagung bedeutet dies, dass alles wie erhofft verlaufen und zum Glück führen wird. Sie müssen aber Unmoral und Unkorrektheiten vermeiden, denn sie vergiften die guten Vorzeichen.

Die Weissagung

Günstiges Schicksal – alles wird wie erhofft verlaufen. Geschäftliche Kooperationen sind vielversprechend. Dennoch besteht die Gefahr, dass Sie durch sexuelle Anziehung oder durch falsche Freunde auf Abwege geraten.

Wunsch: Kann realisiert werden.

Ehe: Harmonisches Paar, gute und reibungslose Ehe.

Liebe: Sie haben bereits starke Gefühle entwickelt. Sie werden Erfolg haben.

Familie: Harmonische und gedeihende Familie.

Kinder: Harmonische Beziehung zwischen Eltern und Kindern. Verwöhnung der Kinder kann gute Aussichten zunichte machen. Schwangerschaft: Mädchen.

Kredit: Erfolg.

Geschäft: Sie können die gewünschten Gewinne erarbeiten.

Börse: Stabiler Markt.

Lebenserwartung: Gesundheit und langes Leben.

Krankheit: Sie werden genesen. Geschlechtskrankheiten und Erkrankungen im Brustbereich.

Auf jemanden wartend: Wird kommen und Freude verbreiten.

Nach jemandem suchend: Die Person ist in sexuelle Komplikationen verstrickt. Sie kann bald gefunden werden.

Verlorener Gegenstand: Unter etwas anderes oder in etwas hineingeraten. Suchen Sie im Nordosten oder Westen.

Reise: Sie werden auf der Reise jemandem begegnen. Hüten Sie sich vor verbotener Liebe.

Streitigkeiten: Ungünstig. Suchen Sie einen Kompromiss.

Beruf: Keine Problem.

Prüfungen: Sehr gute Noten.

Neues Geschäft, Berufswechsel oder Spezialisierung, Umzug: Sie können es wagen.

Wetter: Regnerisch.

HEXAGRAMM 32

Heng

heng

Die Langdauernde

Primär	*oben*	*Chen*	*Das Erregende*
	unten	*Sun*	*Das Sanfte*
Kern	*oben*	*Tui*	*Das Heitere*
	unten	*Ch'ien*	*Das Schöpfende*

Heng bedeutet Dauer und Beständigkeit. Das obere Trigramm *Chen* steht für den ältesten Sohn, während das untere Trigramm *Sun* für die älteste Tochter steht. Der Mann ist in der Position oberhalb der Frau, was für Vereinigung steht. Für Paare bedeutet dies, dass sie gemeinsam alt werden. Ansonsten sagt das Hexagramm, man solle seine derzeitige Position halten und vorerst keine Pläne schmieden. So kann auf lange Sicht ein sorgenfreies und glückliches Leben erreicht werden.

Die Weissagung
Ehrlichkeit, Aufrichtigkeit und ständige Umsicht auf der jetzigen Position sorgen dafür, dass das Leben in sanften Bahnen verläuft und man seinen Wohlstand erhalten kann.

Wunsch: Die Erfüllung ist möglich.

Ehe: Dauerhafte und gut passende Beziehung. Erfolg ohne Probleme.

Liebe: Dauerhafte Gefühle.

Familie: In eine große Familie hineingeboren. Anhaltendes Glück.

Kinder: Gute Beziehung zwischen Eltern und Kindern. Friede und Glück. Schwangerschaft: Junge. Sichere Niederkunft.

Kredit: Erfolg.

Geschäft: Reibungslose Gewinne.

Börse: Steigende Kurse, aber es gibt ein Limit.

Lebenserwartung: Gesundheit und langes Leben.

Krankheit: Langwierig, aber Genesung ist möglich. Chronische Erkrankungen.

Auf jemanden wartend: Wird kommen.

Nach jemandem suchend: Es braucht Zeit. Die Person kehrt entweder gesund und munter zurück oder ihr Aufenthaltsort wird bekannt.

Verlorener Gegenstand: Im Haus. Suchen Sie geduldig im Südosten und Sie werden fündig.

Reise: Günstig.

Streitigkeiten: Ungünstig. Schließen Sie einen Kompromiss.

Beruf: Sie werden eine geeignete Stelle finden.

Prüfungen: Sehr gute Noten.

Neues Geschäft, Berufswechsel oder Spezialisierung, Umzug: Nicht günstig. Bleiben Sie besser auf Ihrer derzeitigen Position

Wetter: Klar und windig.

H E X A G R A M M 3 3

Tun

dun

Das Nachgeben (Der Rückzug)

Primär	*oben*	*Ch'ien*	*Das Schöpfende*
	unten	*Ken*	*Das Stillhalten*
Kern	*oben*	*Ch'ien*	*Das Schöpfende*
	unten	*Sun*	*Das Sanfte*

Tun bedeutet sich zurückziehen oder fliehen. In diesem Hexagramm liegen vier durchgezogene *Yang*-Linien auf zwei durchbrochenen *Yin*-Linien, was bedeutet, dass die *Yin*-Kraft langsam aufsteigt, während die *Yang*-Kraft langsam auf dem Rückzug ist. Für die Weissagung bedeutet dies, dass das Glück zurückweicht und es besser ist, sich zurückzuziehen.

Die Weissagung

Eine Vorahnung von schwindendem Glück. Treten Sie also in allem einen Schritt zurück und halten Sie Ihre Stellung. Seien Sie mit Worten, Handlungen und Geschäften sehr vorsichtig, dann bleiben Sie sicher. Sie sind durch üble Nachrede, Probleme mit Untergebenen oder Verlust von Eigentum bedroht.

Wunsch: Geht nicht in Erfüllung.

Ehe: Paar findet nicht zusammen. Selbst wenn Sie heiraten, wird es keine gute Partnerschaft sein.

Liebe: Charaktere passen nicht zusammen. Die Frau könnte einen zweiten Mann im Sinn haben.

Familie: Schwindender Wohlstand und Pech drohen aufzukommen.

Kinder: Die Kinder sind weder loyal noch gesund und stark. Schwangerschaft: Junge.

Kredit: Ohne Erfolg.

Geschäft: Verluste und Fehler.

Börse: Fallende Kurse.

Lebenserwartung: Schwache Konstitution. Kurzes Leben. Sie müssen ein geregeltes Leben führen, um Ihre Gesundheit zu fördern.

Krankheit: Sehr ernst. Sie sollten in Kur fahren, um sich zu erholen. Erkrankungen der Brust- oder Unterleibsregion oder des Knochenmarks.

Auf jemanden wartend: Wird nicht kommen.

Nach jemandem suchend: Die Person wurde vertrieben oder ging wegen zu geringer Ambitionen oder Familienchaos. Sie ist weit weg und kann nicht gefunden werden.

Verlorener Gegenstand: Er ist bereits von jemandem gefunden worden und Sie können ihn nicht zurückbekommen.

Reise: Viele Hindernisse und Schwierigkeiten. Sie sollten Unglücke vermeiden. Teilweise wird die Reise unmöglich sein.

Streitigkeiten: Verlust. Lassen Sie die Sache fallen.

Beruf: Hoffnungslos.

Prüfungen: Sehr schlechte Noten.

Neues Geschäft, Berufswechsel oder Spezialisierung, Umzug: Nicht die richtige Zeit, der Vorstoß kann nicht gelingen. In der Unterhaltungsbranche – Theater, Hotel, Bar oder Kneipe – können aber positive Schritte möglich sein.

Wetter: Langsam schlechter werdend.

HEXAGRAMM 34

Ta Chuang

da zhuang

Des Großen Macht

Primär	*oben*	*Chen*	*Das Erregende*
	unten	*Ch'ien*	*Das Schöpfende*
Kern	*oben*	*Tui*	*Das Heitere*
	unten	*Ch'ien*	*Das Schöpfende*

Ta Chuang ist ein Hexagramm, bei dem die *Yang*-Kraft besonders stark, aufstrebend und heroisch, voller Lebenskraft und beeindruckend ist. Die vier unten liegenden, durchgezogenen *Yang*-Linien streben nach oben und verdrängen die beiden durchbrochenen *Yin*-Linien. Das Hexagramm bedeutet, dass Einfluss, Macht und Anerkennung nicht aufgehalten werden können. Das obere Trigramm *Chen* steht für Donner und das untere Trigramm *Ch'ien* für den Himmel. Ein Donner unerreichter Stärke erfüllt den Himmel, imposant und majestätisch. Für die Weissagung bedeutet dies, dass Wohlstand und Glück gedeihen. Aber Ausschweifungen, Unnachgiebigkeit oder Starrsinn werden ins Verderben führen. Sie müssen also vorsichtig sein.

Die Weissagung

Glück und Wohlstand gedeihen, das Geschäft expandiert. Mangelnde Freundlichkeit oder Umgänglichkeit kann aber zu Konflikten, überstürztem Handeln und zu Fehlern und Verlusten führen. Aus Halsstarrigkeit könnten Sie eine Person verletzen oder ihr schaden. Sie müssen offen und umgänglich gegenüber anderen bleiben.

Wunsch: Erfolg.

Ehe: Kann erfolgreich sein. Eine gute Paarung, die Glück und Erfüllung finden wird. Mann und Frau müssen freundlich zueinander sein und den Anstand wahren, um diese guten Vorzeichen nicht zu zerstören.

Liebe: Zu forsches Vorgehen wird zu Misserfolg führen. Halten Sie sich zurück und behandeln Sie den anderen gut. Seien Sie jeden Tag aufmerksam, dann werden Sie Erfolg haben.

Familie: Glück und Gesundheit. Hochmut führt aber zu Disharmonie in der Familie und sogar zu Insolvenz.

Kinder: Kinder möglicherweise stur. Kann zu Unstimmigkeiten in der Familie führen. Wird der Fehler mit der Erziehung korrigiert, können die Kinder glücklich und erfolgreich werden. Schwangerschaft: Junge.

Kredit: Sie können Ihr Ziel erreichen.

Geschäft: Erfolg und große Gewinne.

Börse: Steigende Kurse.

Lebenserwartung: Von Natur aus gesund. Langes Leben. Dennoch müssen Sie auf Ihren Körper achten.

Krankheit: Von nun an gesund. Wenn Sie Erholungs- und Entspannungsphasen einhalten, können Sie genesen. Akute Hirnerkrankungen.

Auf jemanden wartend: Wird bald kommen.

Nach jemandem suchend: Weit entfernt. Es wird schwer, den Aufenthaltsort herauszufinden.

Verlorener Gegenstand: Kann gefunden werden. Suchen Sie im Nordosten oder an hoch gelegenen Stellen.

Reise: Fahren Sie, aber seien Sie vorsichtig.

Streitigkeiten: Sieg.

Beruf: Erfolg ist möglich.

Prüfungen: Gute Noten.

Neues Geschäft, Berufswechsel oder Spezialisierung, Umzug: Günstig.

Wetter: Klar.

HEXAGRAMM 35

Chin

jin

Der Fortschritt

Primär	*oben*	*Li*	*Das Haltende*
	unten	*K'un*	*Das Empfangende*
Kern	*oben*	*K'an*	*Das Abgründige*
	unten	*Ken*	*Das Stillhalten*

Chin bedeutet Vorangehen, Beschleunigen, Weitermachen und Fortschritt. Das obere Trigramm *Li* steht für die Sonne und das untere Trigramm *K'un* für die Erde. Die Sonne steht wie nach Sonnenaufgang über der Erde und erhellt die Welt mit ihrem Glanz. Der Sonnenaufgang symbolisiert den Beginn des neuen Tags und deutet auf einen Neubeginn und Bewegung hin. *Li* bedeutet auch Helligkeit und *K'un* impliziert

Ergebenheit, Unterordnung, Anhängerschaft und Folgsamkeit. Ein deutlicher Weg und Fortschritt können also erreicht werden, wenn Brillanz anerkannt wird. Für die Weissagung bedeutet dies, dass ähnlich der aufgehenden Sonne, die alles zum Erblühen bringt, das Glück sich Ihnen öffnet und Sie Ihren Weg gehen werden.

Die Weissagung

Großes Glück und Wohlstand. Vielleicht erhalten Sie von einem Elternteil oder einem Dritten Hilfe. Florierende Geschäfte und ein stetig wachsender Ruf. Alles läuft wie erhofft. Sie können auch gut mit anderen kooperieren. Es könnte aber jemand neidisch sein.

Wunsch: Erfolg.

Ehe: Günstig. Sie könnten von einer älteren Frau Hilfe bekommen.

Liebe: Sicherer Erfolg.

Familie: Gedeihende Familie mit wachsendem Wohlstand.

Kinder: Intelligent und begabt. Sie sind zudem folgsam und loyal. Schwangerschaft: Mädchen.

Kredit: Erfolg.

Geschäft: Reibungslose Geschäfte mit gutem Profit.

Börse: Steigende Kurse.

Lebenserwartung: Gesundheit und langes Leben.

Krankheit: Genesung in naher Zukunft möglich. Magen- und Darmerkrankungen, Diabetes.

Auf jemanden wartend: Wird mit guten Nachrichten kommen.

Nach jemandem suchend: Person ist weit entfernt, wird aber bald zurückkehren oder gefunden werden. Suchen Sie im Süden oder Südwesten.

Verlorener Gegenstand: Kann gefunden werden. Suchen Sie im Süden oder Südwesten.

Reise: Günstig. Ziel der Reise wird erreicht.

Streitigkeiten: Sieg.

Beruf: Erfolg durch Hilfe einer älteren Person.

Prüfungen: Gute Noten.

Neues Geschäft, Berufswechsel oder Spezialisierung, Umzug: Sehr günstige Aussichten.

Wetter: Schön und klar.

HEXAGRAMM 36

Ming I

ming yi

Die Verfinsterung des Lichts

Primär	*oben*	*K'un*	*Das Empfangende*
	unten	*Li*	*Das Haltende*
Kern	*oben*	*Chen*	*Das Erregende*
	unten	*K'an*	*Das Abgründige*

Ming I bedeutet die Verfinsterung des Lichts oder des Glanzes. Das obere Trigramm *K'un* steht für die Erde und das untere Trigramm *Li* für die Sonne. Die Sonne ist unter die Erde gesunken, sodass Dunkelheit entsteht. *Li* steht zudem für Feuer. Das Licht eines fernen Feuers strahlt sehr weit, da das Feuer aber unter der Erde ist, herrscht Dunkelheit. Für die Weissagung bedeutet dies, es ist dunkle Nacht und die Zukunft ist ungewiss. Daher ist Vorsicht angesagt, bis der Himmel sich am Morgen wieder erhellt. Warten Sie geduldig das kommende Licht ab, bevor Sie etwas unternehmen.

Die Weissagung

Pech, Kummer und schwere Zeiten. Jemand könnte eifersüchtig sein oder Sie betrügen wollen. Es besteht die Gefahr, dass Sie verletzt, beraubt oder in ein Feuer verwickelt werden. Sie müssen extrem vorsichtig sein, geduldig abwarten und sich in Selbstdisziplin üben, dann kann Ihr Schicksal sich zum Guten wenden.

Wunsch: Wird nicht in Erfüllung gehen.

Ehe: Eine ungünstige Paarung. Wenn eine Ehe geschlossen wird, wird sie zerbrechen. Eine heimliche Ehe oder Partner, die gemeinsam durchbrennen, haben allerdings bessere Aussichten.

Liebe: Große Hindernisse stehen dem Erfolg entgegen.

Familie: Schwindender Wohlstand. Häufige Konflikte und Streitereien.

Kinder: Umkreis der Kinder bereitet Sorgen. Viel Sorgfalt bei der Erziehung und Ausbildung der Kinder kann zukünftiges Glück und Wohlstand sichern helfen. Schwangerschaft: Mädchen. Schwierige Geburt möglich.

Kredit: Ohne Erfolg.

Geschäft: Harte Zeiten. Verluste möglich. Stellen Sie Geschäfte am besten vorübergehend ein.

Börse: Fallende Kurse.

Lebenserwartung: Schwache, kränkliche Konstitution. Möglichkeit eines kurzen Lebens. Sie müssen auf sich achten und Selbstdisziplin üben.

Krankheit: Ernst, aber wahrscheinlich nicht tödlich. Latente oder unerkannte Erkrankung möglich. Unterleibsbeschwerden.

Auf jemanden wartend: Die Person wird nicht kommen.

Nach jemandem suchend: Person versteckt sich in der Nähe. Suchen Sie im Südwesten oder Süden.

Verlorener Gegenstand: Unter etwas anderem verlegt. Suchen Sie im Südwesten oder Süden.

Reise: Probleme unterwegs möglich. Brechen Sie die Reise am besten ab.

Streitigkeiten: Niederlage. Gefängnisstrafe möglich.

Beruf: Im Moment hoffnungslos.

Prüfungen: Schlechte Noten.

Neues Geschäft, Berufswechsel oder Spezialisierung, Umzug: Ungünstig. Warten Sie, bis sich Ihr Blatt zum Besseren wendet.

Wetter: Anhaltendes schlechtes Wetter.

HEXAGRAMM 37

Chia Jen

jia ren

Die Familie

Primär	*oben*	*Sun*	*Das Sanfte*
	unten	*Li*	*Das Haltende*
Kern	*oben*	*Li*	*Das Haltende*
	unten	*K'an*	*Das Abgründige*

Chia Jen bedeutet Familie oder Familienmitglieder. Es steht für die Existenzgrundlage und den Besitz einer Familie. In vielen Kulturen arbeitet der Mann außerhalb der Familie, während die Frau zu Hause bleibt und sich um den Haushalt kümmert. Dieses Hexagramm versinnbildlicht eine solche Familienstruktur. Die Mittellinie des oberen Trigramms ist eine durchgezogene *Yang*-Linie und die mittlere Linie des unteren ist eine durchbrochene *Yin*-Linie. So nehmen Mann und Frau ihre kulturell festgelegten Plätze ein, der Mann außerhalb und die Frau innerhalb der Familie. Das obere Trigramm *Sun* repräsentiert aber auch die älteste Tochter, während das untere Trigramm *Li* für die mittlere Tochter steht. Die ältere geht der jüngeren voran – auch hier wird eine traditionelle Reihenfolge eingehalten. In der Weissagung bedeutet dieses Hexagramm, dass eine stabile Familie ihren Weg geht und gedeiht.

Die Weissagung

Viel Glück und Freude. Erfüllen Sie Ihre Pflicht und arbeiten Sie hart ohne belanglose Pläne oder überstürzte Handlungen. So können Sie Glück und Wohlstand erhalten.

Wunsch: Kann realisiert werden.

Ehe: Eine gute und glückliche Paarung – ein absoluter Erfolg.

Liebe: Erfolg ist möglich.

Familie: Friede, Harmonie und Gesundheit. Das Familienvermögen wächst. Sehr viel Glück.

Kinder: Die Kinder sind folgsam und loyal. Viele Kinder möglich. Schwangerschaft: Mädchen.

Kredit: Sie können nur einen kleinen Teil des erhofften Betrags erhalten.

Geschäft: Reibungslose und profitable Geschäfte. Expandieren Sie aber nicht.

Börse: Im Moment steigen die Kurse, werden später aber fallen.

Lebenserwartung: Gesundes und langes Leben.

Krankheit: Nicht ernst. Baldige Genesung. Starke Erkältungen und Infektionen des Magen-Darm-Trakts.

Auf jemanden wartend: Wird kommen und gute Neuigkeiten bringen.

Nach jemandem suchend: Sorgen Sie sich nicht. Die Person kommt bald von alleine zurück.

Verlorener Gegenstand: Im Haus. Wird bald gefunden. Suchen Sie im Süden oder Südosten.

Reise: Günstig. Eine sichere und angenehme Reise.

Streitigkeiten: Ein Kompromiss wird die Lösung bringen.

Beruf: Keine Schwierigkeiten.

Prüfungen: Gute Noten.

Neues Geschäft, Berufswechsel oder Spezialisierung, Umzug: Aktionen, die eine Veränderung herbeiführen, sind im Moment ungünstig. Warten Sie besser ab.

Wetter: Klar und windig.

HEXAGRAMM 38

K'uei

kui

Die Entfremdeten (Die Gegensätze)

Primär	*oben*	*Li*	*Das Haltende*
	unten	*Tui*	*Das Heitere*
Kern	*oben*	*K'an*	*Das Abgründige*
	unten	*Li*	*Das Haltende*

K'uei symbolisiert Zwiespalt und Widerspruch. Das obere Trigramm *Li* steht für Feuer und das untere Trigramm *Tui* für Sümpfe. Flammen züngeln nach oben und das Wasser der Sümpfe läuft nach unten. Die beiden Trigramme sind also Gegensätze und stehen in Disharmonie zueinander. In der Weissagung bedeutet dieses Hexagramm daher, dass Vorstellungen nicht übereinstimmen und deshalb nichts einfach erreicht werden kann.

Die Weissagung

Raue Zeiten. Schwierigkeiten werden alle Unterfangen begleiten und Erwartungen werden enttäuscht. Vermeiden Sie große Vorwärtsschritte. Verharren Sie auf Ihrer Position und erledigen Sie Ihre Aufgaben mit Freude. So kann Gefahr in Sicherheit und Frieden verwandelt werden. Sie laufen Gefahr, in die Probleme anderer verwickelt zu werden, falsche Pläne zu schmieden oder einen Freund vor den Kopf zu stoßen.

Wunsch: Die Erfüllung ist sehr schwierig.

Ehe: Widerstand der Familie führt zu Scheitern. Findet die Heirat statt, werden unterschiedliche Auffassungen und Interessen zu Streit und Trennung führen.

Liebe: Zu unterschiedliche Persönlichkeiten führen zur Trennung.

Familie: Unharmonisch. Familienbesitz schwindet. Kummer und Verbitterung.

Kinder: Wenig Gefühle zwischen Eltern und Kindern. Schwangerschaft: Mädchen. Geburt kann problematisch verlaufen.

Kredit: Schwierige Realisierung.

Geschäft: Viele Hindernisse. Unharmonische Beziehungen zwischen Partnern können zu fehlerhafter Planung und Verlusten führen.

Börse: Fallende Kurse.

Lebenserwartung: Viele Krankheiten und die Möglichkeit eines kurzen Lebens.

Krankheit: Sehr ernst. Ein Behandlungsfehler ist möglich. Erkrankungen oder Fehlfunktionen der inneren Organe.

Auf jemanden wartend: Wird nicht kommen.

Nach jemandem suchend: Ein Streit oder eine Meinungsverschiedenheit haben die Person fortgetrieben. Ihr Aufenthaltsort ist nicht einfach zu finden.

Verlorener Gegenstand: Ist bereits von jemandem gefunden worden. Wird nicht zurückgegeben werden.

Reise: Etwas wird verhindern, dass Sie das Ziel Ihrer Reise erreichen oder den Zweck erfüllen können. Geben Sie Ihre Pläne besser auf.

Streitigkeiten: Ungünstig. Suchen Sie besser einen Kompromiss.

Beruf: Keine Hoffnung auf neue Anstellung.

Prüfungen: Schlechte Noten. Achten Sie auf den genauen Wortlaut der Fragen und beantworten Sie die richtigen Fragen.

Neues Geschäft, Berufswechsel oder Spezialisierung, Umzug: Ungünstig. Wenn Sie nun fortfahren, werden sich Ihre Hoffnungen nicht erfüllen.

Wetter: Bewölkt.

HEXAGRAMM 39

Chien

jian

Die Gefahr

Primär	*oben*	*K'an*	*Das Abgründige*
	unten	*Ken*	*Das Stillhalten*
Kern	*oben*	*Li*	*Das Haltende*
	unten	*K'an*	*Das Abgründige*

Chien symbolisiert Hemmnisse und Schwierigkeiten zu handeln. Es bedeutet auch Probleme, Kummer, Ärger und Sorgen. Das obere Trigramm *K'an* steht für Gefahr, während das untere Trigramm *Ken* Bewegungslosigkeit bedeutet. So bedeutet das Hexagramm, in einer gefährlichen Situation ohne jeden Ausweg gestoppt zu werden. *K'an* symbolisiert aber auch das Wasser und *Ken* die Berge. Der Weg wird also auf der einen Seite von gefährlichen Wassern und auf der anderen von hohen Bergen versperrt. In der Weissagung bedeutet dies eine schwierige Situation, in der sowohl der Weg nach vorne als auch der zurück schwierig sind. Die harten Zeiten müssen mit extremer Vorsicht durchgestanden werden.

Die Weissagung

Das Glück ist versperrt und Kummer und Sorgen drohen. Warten Sie geduldig und diszipliniert, folgen Sie dem Rat begabter und tugendhafter Älterer und arbeiten Sie an sich. Ihr Blatt wird sich wenden, allerdings frühestens in fünf Monaten, spätestens aber in fünf Jahren. Entwicklungen gen Südwesten können möglich sein, aber im Nordosten droht Misserfolg. Sie laufen Gefahr, beraubt oder betrogen zu werden, von Flut betroffen zu sein oder von einem Untergebenen oder Freund verraten zu werden.

Wunsch: Wird nicht in Erfüllung gehen.

Ehe: Paar ist nicht füreinander bestimmt. Suchen Sie besser einen anderen Partner. Möglichkeit einer Mehrfachbeziehung.

Liebe: Komplikationen und Scheitern.

Familie: Armut, Kummer und wenige emotionale Bindungen zwischen den Familienmitgliedern. Sie müssen hart arbeiten, um gegen die Welle der Widrigkeiten anzukommen.

Kinder: Kinder werden den Eltern Kummer und Schmerz bereiten. Keine emotionale Bindung zwischen Eltern und Kindern. Schwangerschaft: Junge. Möglichkeit einer schweren Geburt.

Kredit: Scheitert.

Geschäft: Viele Probleme und am Ende Verlust und Scheitern. Hören Sie am besten eine Zeit lang auf.

Börse: Anhaltend niedrige Kurse.

Lebenserwartung: Kränklich und schwach. Möglichkeit eines kurzen Lebens. Sie müssen Selbstdisziplin üben.

Krankheit: Ernst und schwer. Sorgfältige Erholung wird zur Genesung führen. Bauchfellentzündung, Leber- und Nierenerkrankungen sowie Probleme in der Brustregion.

Auf jemanden wartend: Wird nicht kommen.

Nach jemandem suchend: Die Person ging aufgrund von Enttäuschung und Armut. Möglicherweise droht Gefahr. Wird die Person innerhalb von fünf Monaten nicht gefunden, gibt es keine Hoffnung. Suchen Sie im Norden oder Nordosten.

Verlorener Gegenstand: Versehentlich in etwas hineingelegt oder unter etwas geraten. Geduldige Suche führt zum Erfolg. Suchen Sie im Norden oder Nordosten.

Reise: Unterwegs gibt es Schwierigkeiten.

Streitigkeiten: Schwierige und zeitaufwändige Angelegenheit.

Beruf: Im Moment keine Hoffnung auf neue Anstellung.

Prüfungen: Schwierige Fragen und schlechte Noten.

Neues Geschäft, Berufswechsel oder Spezialisierung, Umzug: Ungünstig.

Wetter: Anhaltend schlechtes Wetter.

HEXAGRAMM 40

Hsieh

xie

Die Befreiung

Primär	*oben*	*Chen*	*Das Erregende*
	unten	*K'an*	*Das Abgründige*
Kern	*oben*	*K'an*	*Das Abgründige*
	unten	*Li*	*Das Haltende*

Hsieh bedeutet Erlösung, Loslassen, Zerstreuung und das Ende von Kummer und Sorgen. Das obere Trigramm *Chen* symbolisiert den Donner und das untere Trigramm *K'an* den Regen. Das Hexagramm deutet auf aufgestaute Emotionen hin, die durch Donner und Regen vertrieben werden. *K'an* steht für Winter und *Chen* für Frühling. Gemeinsam stehen sie für das Ende des Winters und den Frühlingsbeginn. Wärme breitet sich überall aus und alles ist voller Leben und Freude. Für die Weissagung bedeutet dies, dass die Sorgen weniger werden und neue Bewegung aufkommt.

Die Weissagung

Nach einer langen, beschwerlichen Zeit beginnt sich das Schicksal zum Guten zu wenden und alles läuft auf ruhige Pfade zu. Handeln Sie nun und ergreifen Sie die Gelegenheit. Kämpfen Sie für Ruhm und Wohlstand. Neues im Südwesten ist verheißungsvoll. In der Familie kann es ein freudiges Ereignis geben.

Wunsch: Erfolg ist möglich. Zögern Sie nicht, sonst verpassen Sie die Chance.

Ehe: Eine gute Paarung. Erfolg ist möglich.

Liebe: Schwanken und zögern Sie nicht. Handeln Sie beherzt und der Erfolg ist möglich.

Familie: Zunächst Kummer und Sorgen, doch dann wendet sich das Blatt langsam aber stetig.

Kinder: Zunächst werden die Kinder den Kummer noch verstärken, doch später stellen sich Glück und Wohlergehen ein. Schwangerschaft: Junge. Keine schwierige Geburt.

Kredit: Erfolg ist möglich. Sie sollten handeln.

Geschäft: Profite können erarbeitet werden. Handeln Sie schnell und beherzt.

Börse: Im Moment leichter Abwärtstrend der Kurse. Sie werden aber bald steigen.

Lebenserwartung: Häufige Krankheiten in der Jugend. Stetig sich bessernde Gesundheit. Langes Leben.

Krankheit: Sie können Ihre Gesundheit zurückerlangen. Sie dürfen aber nicht nachlässig sein. Neurosen, Magen- und Darmerkrankungen und Nierenprobleme.

Auf jemanden wartend: Wird mit guten Absichten kommen.

Nach jemandem suchend: Aufenthaltsort wird bald bekannt.

Verlorener Gegenstand: Kann gefunden werden. Suchen Sie umgehend im Osten oder Norden. Lassen Sie zu viel Zeit verstreichen, werden Sie ihn nicht finden.

Reise: Günstig.

Streitigkeiten: Werden nach einiger Zeit zu Ihren Gunsten entschieden.

Beruf: Unerwartetes Angebot. Sie müssen die Chance ergreifen.

Prüfungen: Relativ gute Noten.

Neues Geschäft, Berufswechsel oder Spezialisierung, Umzug: Kann sofortiges Handeln erfordern.

Wetter: Es wird regnen.

HEXAGRAMM 41

Sun

sun

Der Verlust

Primär	*oben*	*Ken*	*Das Stillhalten*
	unten	*Tui*	*Das Heitere*
Kern	*oben*	*K'un*	*Das Empfangende*
	unten	*Chen*	*Das Erregende*

Sun bedeutet Opfer, Herabsetzung, Rückgang, Schwächung, Minderung und Verlust. Die Linien drei, vier und fünf von unten sind *Yin*-Linien, die von *Yang*-Linien umschlossen werden. Die Position auf der fünften Linie, der so genannten Herrscherlinie, schwächt die *Yang*-Kraft. Die beiden Kern-Trigramme bilden das Hexagramm *Fu* (Hexagramm 24: Die Wiederkehr), in dem die *Yang*-Kraft wieder auf dem Aufstieg ist, nachdem die *Yin*-Kraft ihren Zenit erreicht hat. Für *Sun* bedeutet die Wiederkehr, dass ein Opfer zwar einen Verlust darstellt, aber auch etwas Gutes daraus erwachsen kann. In der Weissagung besagt dies, dass gegenwärtig zwar eine entbehrungsreiche Zeit ist, sich das Schicksal aber bald wenden kann und Sie für Ihre Mühsal entschädigt werden.

Die Weissagung

Die Dinge laufen nicht wie erhofft und wahrscheinlich sind Sie mit Verlusten konfrontiert. Langsam, aber stetig wird die Ebbe sich aber in Flut verwandeln und die Strahlen des Erfolgs werden am Horizont aufgehen. Geschäftliche Kooperationen sind vielversprechend.

Wunsch: Im Moment ist die Erfüllung unmöglich. Seien Sie strebsam und konzentriert und der Erfolg wird später kommen.

Ehe: Harmonische, gute Paarung. Es kann von Vorteil sein, wenn der Mann in die Familie der Frau einheiratet oder das Paar bei der Familie der Frau lebt.

Liebe: Aufrichtigkeit und Beharrlichkeit führen zum Erfolg.

Familie: Schwindender Wohlstand, der aber mit harter Arbeit zurückgewonnen werden kann. Am Ende kann das Glück erlangt werden.

Kinder: Sie bedeuten zunächst viel Mühe, sind aber ehrlich und loyal und werden Glück und Wohlergehen erlagen. Schwangerschaft: Mädchen.

Kredit: Im Moment schwierig durchzusetzen.

Geschäft: Verluste.

Börse: Fallende Kurse.

Lebenserwartung: Schwache und kränkliche Konstitution. Bei strikter Lebensführung kann Gesundheit und langes Leben erreicht werden.

Krankheit: Ernst, aber gezielte Erholung kann zur Genesung führen. Anämie, Erkrankungen des Verdauungstrakts, allgemein schlechte Konstitution.

Auf jemanden wartend: Wird kommen, aber spät.

Nach jemandem suchend: Es wird lange dauern, aber die Peron kehrt entweder von alleine zurück oder ihr Aufenthaltsort wird bekannt. Suchen Sie im Nordosten oder Westen.

Verlorener Gegenstand: Kann nur schwer oder gar nicht wiedergefunden werden. Suchen Sie im Nordosten oder Westen.

Reise: Die Reise kann gut verlaufen, wenn Sie besondere Vorsicht walten lassen.

Streitigkeiten: Ungünstig. Schließen Sie besser einen Kompromiss.

Beruf: Im Moment keine Aussicht auf Erfolg, aber später werden Sie eine Stelle finden.

Prüfungen: Schlechte Noten.

Neues Geschäft, Berufswechsel oder Spezialisierung, Umzug: Zuerst wenig vorteilhaft, doch nach einiger Zeit können Sie mit Positivem rechnen.

Wetter: Bewölkt und gelegentlich Regen.

HEXAGRAMM 42

yi

Der Gewinn

Primär	*oben*	*Sun*	*Das Sanfte*
	unten	*Chen*	*Das Erregende*
Kern	*oben*	*Ken*	*Das Stillhalten*
	unten	*K'un*	*Das Empfangende*

I bedeutet Steigerung, Gewinn, Vergrößerung und Vermehrung. Das obere Trigramm *Sun* steht für den Wind, während das untere Trigramm *Chen* für Donner steht. Der Donner wird von der *Yang*-Kraft verursacht, während die *Yin*-Kraft den Wind bewegt. Beide sind lebensnotwendig und lassen eine Vielfalt von Dingen wachsen und gedeihen – daher das Konzept der Vermehrung. Als grundlegende Idee verkörpert dieses Hexagramm das Wachstum der Dinge. Implizit besagt es, dass das Allgemeinwohl über persönliche Interessen zu stellen ist. Ebenso bedeutet es, dass jeder positiven Einfluss nehmen und dadurch gute Ergebnisse erzielen kann. Für die Weissagung bedeutet dies, dass Sie sich mit dem Einsatz all Ihrer Kräfte neue Wege eröffnen und dabei etwas Positives gewinnen können.

Die Weissagung

Ihre Geschicke verlaufen ruhig und positiv – eine gute Zeit, um Neues zu wagen oder zu expandieren. Seien Sie entscheidungsfreudig und halten Sie Ihren Kurs. Zögern Sie nicht. Vergessen Sie darüber aber nicht die anderen Menschen und wie Sie ihnen helfen können. Wenn Sie dies bedenken, werden Sie Erfolg haben. Möglicherweise erhalten Sie Hilfe. Ein glückliches Ereignis innerhalb der Familie kann eintreten. Geschäftliche Kooperationen sind vielversprechend.

Wunsch: Kann realisiert werden.

Ehe: Harmonische, gute Paarung. Erfolg ist gewiss. Allerdings gibt es viel Geschwätz, die Hochzeit sollte also besser bald stattfinden.

Liebe: Beide Partner sind sehr fürsorglich und rücksichtsvoll. Erfolg ist unausweichlich.

Familie: Gedeihende Familie und wachsender Wohlstand. Unvorsicht, Übermaß und Stolz können jedoch ins Verderben führen.

Kinder: Glückliche und gesunde Kinder. Schwangerschaft: Mädchen.

Kredit: Erfolg ist möglich.

Geschäft: Großer Gewinn ist möglich.

Börse: Steigende Kurse. Aber Vorsicht: nach einiger Zeit werden sie wieder fallen.

Lebenserwartung: Gesundes und langes Leben.

Krankheit: Genesung ist möglich. Magenerkrankungen. Geschlechtskrankheiten und Erkrankungen im Halsbereich.

Auf jemanden wartend: Die Person wird kommen und gute Nachrichten bringen.

Nach jemandem suchend: Die Person wird bald von alleine wiederkehren oder ihr Aufenthaltsort wird bekannt. Suchen Sie im Südosten oder Osten.

Verlorener Gegenstand: Kann gefunden werden. Suchen Sie im Südosten oder Osten.

Reise: Günstig.

Streitigkeiten: Gewinn.

Beruf: Sie können eine gute Stelle finden.

Prüfungen: Hervorragende Noten.

Neues Geschäft, Berufswechsel oder Spezialisierung, Umzug: Günstig.

Wetter: Bewölkt, später Aufheiterung.

HEXAGRAMM 43

Kuai

guai

Die Unerschrockenheit

Primär	*oben*	*Tui*	*Das Heitere*
	unten	*Ch'ien*	*Das Schöpfende*
Kern	*oben*	*Ch'ien*	*Das Schöpfende*
	unten	*Ch'ien*	*Das Schöpfende*

Kuai bedeutet Unbehagen, Abneigung und Entfremdung. Eine einzige *Yin*-Linie liegt in diesem Hexagramm auf vielen *Yang*-Linien. Es besteht keine Möglichkeit des Austauschs mehr. *Yin* kann nur noch darauf warten, von der *Yang*-Kraft vollständig ersetzt zu werden. Für die darunter liegenden fünf *Yang*-Linien ist die Situation aber auch etwas unbehaglich, da sie sich mit *Yin* nicht mehr vereinigen können. Andererseits bedeutet dieses Hexagramm, dass die *Yang*-Kraft auf dem Aufstieg ist. Bald wird sie übermäßige Kraft besitzen – so viel, dass es Probleme schafft. Nach einem Berg von Anspannung folgt eine Katastrophe. In der Weissagung bedeutet das, dass Übereifer zu unangenehmen Situationen führen kann, und es deutet eine sehr gefährliche Situation an, die nur durch absolute Entschlossenheit gerettet werden kann.

Die Weissagung

Obwohl die Geschicke momentan günstig sind, warten bald Kummer und Probleme. Seien Sie vorsichtig. Selbstdisziplin und Aufrichtigkeit halten Sie auf dem rechten Weg. Sie könnten mit jemandem in Streit geraten oder von zu viel Stress krank werden. Unterlagen und Verträge könnten Ihnen durcheinander geraten und Sie machen dadurch Verluste. Ein Untergebener kann Probleme verursachen. Auch Überflutung ist möglich.

Wunsch: Emotionale Einflüsse können zum Scheitern führen. Mit Umsicht ist Erfolg aber möglich.

Ehe: Keine gute Paarung. Kann nicht zum Erfolg führen. Sollte eine Ehe zustande kommen, wird das Paar sich trennen.

Liebe: Einseitige Liebe. Einer der Partner bemüht sich zu sehr. Gehen Sie in sich und überdenken Sie alles noch einmal. Ungestümes Verhalten und heftiges Verlangen werden zu nichts führen. Scheitern ist sehr wahrscheinlich.

Familie: Momentan gedeiht der Familienbesitz. Es droht aber ein Rückgang.

Kinder: Mehr Jungen als Mädchen. Zunächst viel Glück, aber später Missgeschicke. Schwangerschaft: Junge. Gefahr einer schwierigen Geburt.

Kredit: Erfolg wird sehr schwierig sein.

Geschäft: Scheitern und Verluste sind möglich.

Börse: Kurse sind hoch, fallen aber später plötzlich.

Lebenserwartung: Grundsätzlich gesund. Aufgrund von Vernachlässigung des eigenen Körpers und eines unvorhergesehenen Unglücks könnte Sie etwas Bedauernswertes ereilen.

Krankheit: Schwere und gefährliche Erkrankung, die aber durch die gute Grundkonstitution, eine Operation oder besondere Behandlung besiegt werden kann. Erkrankungen am Kopf oder der Nierenregion. Bauchfellentzündung oder bösartige Tumore.

Auf jemanden wartend: Die Person wird kommen.

Nach jemandem suchend: Die Person ist weit weg, an einem unbekannten Ort. Sie kann sogar in Gefahr sein. Suchen Sie bald und mit Nachdruck in der Nähe eines Gewässers im Westen oder Nordwesten.

Verlorener Gegenstand: Er wurde draußen verloren und kann nicht wieder gefunden werden.

Reise: Unterwegs Missgeschicke und Hindernisse. Überdenken Sie Ihre Pläne.

Streitigkeiten: Eine Niederlage ist wahrscheinlich. Sehen Sie besser davon ab.

Beruf: Schwierig.

Prüfungen: Sehr schlechte Noten.

Neues Geschäft, Berufswechsel oder Spezialisierung, Umzug: Unvorteilhaft.

Wetter: Regnerisch.

HEXAGRAMM 44

Kou

gou

Das Zusammentreffen

Primär	*oben*	*Ch'ien*	*Das Schöpfende*
	unten	*Sun*	*Das Sanfte*
Kern	*oben*	*Ch'ien*	*Das Schöpfende*
	unten	*Ch'ien*	*Das Schöpfende*

Kou bedeutet geschlechtliche Vereinigung, Kontaktaufnahme, Zusammentreffen und Begegnen. Die unterste Linie ist eine *Yin*-Linie. Sie liegt unter fünf *Yang*-Linien. Das Hexagramm 1, *Ch'ien*, besteht aus sechs festen *Yang*-Linien. Durch diese Übermacht der *Yang*-Kraft wird die *Yin*-Kraft ins Leben gerufen. Daher ist das Hexagramm 44 die direkte Folge von Hexagramm 1. Eine *Yin*-Linie unterhalb der fünf *Yang*-Linien bedeutet, dass der Austausch und die Vereinigung der beiden Kräfte begonnen haben. Als Bild symbolisiert es ein junges Mädchen, das sich den Männern anbietet. Das Hexagramm impliziert, es sollte gehandelt werden, aber nicht nur, um Einfluss zu nehmen. Da die *Yin*-Kraft auf dem Aufstieg und die *Yang*-Kraft auf dem Rückzug ist, sollten Sie sich vor unerwarteten Begegnungen, Unfällen und Missgeschicken hüten. Darüber hinaus deutet das Hexagramm den Beginn schlechterer Geschicke an.

Die Weissagung

Ihr Glück wendet sich langsam. Seien Sie auf der Hut und Sie können dagegen angehen. Es ist möglich, dass Ihnen ein Unglück geschieht, jemand Ihnen schaden will oder Sie durch eine Frau Schwierigkeiten und Verlust erleiden.

Wunsch: Unerwartete Hindernisse führen zum Scheitern.

Ehe: Keine gute Paarung. Sie sollten es überdenken.

Liebe: Der Partner ist nicht aufrichtig.

Familie: Vorsicht ist angesagt, da das Familienvermögen zu schwinden beginnt.

Kinder: Ungebührliches Verhalten der Kinder wird den Eltern Kummer und Leid bereiten. Achten Sie auf die Erziehung Ihrer Kinder. Schwangerschaft: Mädchen.

Kredit: Kann nicht leicht erlangt werden. Suchen Sie die Unterstützung einer Frau, dann ist Erfolg möglich.

Geschäft: Fehler und Verluste sind möglich. Geschäfte allerdings, die im weitesten Sinne mit Frauen zu tun haben – wie Parfum, Blumen, Kosmetik usw. – werden wahrscheinlich florieren.

Börse: Von nun an fallende Kurse.

Lebenserwartung: Von Natur aus gesund. Dennoch ist eine Erkrankung möglich. Gehen Sie gut mit Ihrem Körper um.

Krankheit: Ihre Verfassung verschlechtert sich. eine gründliche Rekonvaleszenz ist notwendig. Geschlechtskrankheiten, Tuberkulose und Hämorrhoiden.

Auf jemanden wartend: Warten Sie auf eine Frau, wird sie kommen. Warten Sie auf einen Mann, wird er unterwegs auf Hindernisse treffen und nicht kommen.

Nach jemandem suchend: Sexuelle Verstrickungen verlängern die Suche. Die Person ist aber gesund und munter. Sie wird von alleine zurückkehren oder ihr Aufenthaltsort wird bekannt. Suchen Sie im Westen oder Nordwesten.

Verlorener Gegenstand: Wird wahrscheinlich an einem unerwarteten Ort wieder auftauchen. Suchen Sie im Westen oder Nordwesten.

Reise: Unterwegs kommt es – besonders bei Frauen – zu einer vielversprechenden Begegnung.

Streitigkeiten: Langwierig, zeitaufwändig und ungünstig.

Beruf: Ohne Erfolg. Mit der Unterstützung einer Frau könnten Sie Erfolg haben.

Prüfungen: Schlechte Noten.

Neues Geschäft, Berufswechsel oder Spezialisierung, Umzug: Ungünstig. Hindernisse werden das Erreichen der Ziele verhindern.

Wetter: Momentan schönes Wetter, wird sich aber bald verschlechtern.

HEXAGRAMM 45

Ts'ui

cui

Die Versammlung (Das Zusammenkommen)

Primär	*oben*	*Tui*	*Das Heitere*
	unten	*K'un*	*Das Empfangende*
Kern	*oben*	*Sun*	*Das Sanfte*
	unten	*Ken*	*Das Stillhalten*

Ts'ui bedeutet Zusammentreffen, sich versammeln, Zusammenkommen. Das untere Trigramm *K'un* steht für die Mehrzahl, aber auch für Folgsamkeit, Ergebenheit und Gefolgschaft. Das obere Trigramm *Tui* steht für Glück und Freude. Gemeinsam bedeuten sie, dass die Massen glücklich und in Übereinstimmung sind. Die Linie fünf (von unten), die Herrscherlinie, und die Linie vier, die Linie des obersten

Ministers, sind beides *Yang*-Linien. Die anderen vier Linien sind *Yin*-Linien, die aber die *Yang*-Linien umschließen und ihnen so gehorchen. In der Weissagung bedeutet dies, dass sowohl der Geist als auch die finanziellen Mittel gesammelt sind. Es ist ein sehr vielversprechendes Hexagramm.

Die Weissagung

Die Ansammlung von Reichtum. Es könnten Ihnen sehr profitable Kooperationen angeboten werden. Am besten befolgen Sie den Rat von Älteren. Eine reiche Ernte.

Wunsch: Lässt sich erfüllen.

Ehe: Glückliche und gut passende Paarung. Reibungsloser Erfolg.

Liebe: Erfolg – beide behandeln einander mit dem Respekt, der einem Gast gebührt.

Familie: Die Familienmitglieder teilen Glück und Freude. Das Vermögen floriert.

Kinder: Viele, harmonisch zusammenlebende Kinder. Schwangerschaft: Mädchen.

Kredit: Kann erlangt werden.

Geschäft: Florierende und profitable Geschäfte.

Börse: Langsamer Anstieg der Kurse.

Lebenserwartung: Gesundes und langes Leben.

Krankheit: Schnelle Genesung. Erkrankungen des Brust- oder Unterleibsbereichs.

Auf jemanden wartend: Die Person wird kommen und etwas Schönes mitbringen.

Nach jemandem suchend: Sorgen Sie sich nicht. Die Person kehrt aus eigenen Stücken zurück oder ihr Aufenthaltsort wird bekannt. Suchen Sie im Westen oder Südwesten.

Verlorener Gegenstand: Kann gefunden werden. Suchen Sie im Westen oder Südwesten.

Reise: Die Reise wird vorteilhaft sein.

Streitigkeiten: Eine Auseinandersetzung ist unvorteilhaft. Suchen Sie besser einen Kompromiss.

Beruf: Eine Stelle kann ohne Probleme gefunden werden.

Prüfungen: Gute Noten.

Neues Geschäft, Berufswechsel oder Spezialisierung, Umzug: Fahren Sie fort.

Wetter: Starker Regen, vielleicht sogar Überflutung.

HEXAGRAMM 46

Sheng

sheng

Der Aufstieg

Primär	*oben*	*K'un*	*Das Empfangende*
	unten	*Sun*	*Das Sanfte*
Kern	*oben*	*Chen*	*Das Erregende*
	unten	*Tui*	*Das Heitere*

Sheng bedeutet Anstieg, Aufstieg, Vorwärtsbewegung und Beförderung. Das obere Trigramm *K'un* symbolisiert die Erde, während das untere Trigramm *Sun* für Bäume steht. Das Hexagramm präsentiert ein Bild von Baumsamen, die nach oben streben, bereit, aus der Erde hervorzubrechen und allmählich zu kräftigen Bäumen heranzuwachsen. Bäume wachsen langsam und auch die Aufwärtsbewegung des Hexagramms ist gleichmäßig und nicht sprunghaft. Wenn der Sämling wächst, nimmt er die Elemente seiner Umgebung auf – Dünger aus dem Boden, Regen und Sonne. Ansonsten ist er passiv. So sollten auch Sie sich einbringen und sich Zeit lassen. Seien Sie fleißig und Ihr Talent wird erkannt werden. In der Weissagung bedeutet dies, dass Ihre Talente zurzeit reifen.

Die Weissagung

Die Dinge laufen wie erhofft. Es ist die Zeit eines gleichmäßigen Aufstiegs. Jetzt sollte alles in logischer und wohl geplanter Reihenfolge geschehen. Handeln Sie nicht überstürzt. Entwicklungen Richtung Süden sind vielversprechend. Es ist vorteilhaft, den Mächtigen, Einflussreichen und Tugendhaften zu folgen. Sie könnten an Ansehen oder Stellung gewinnen oder eine Gehaltserhöhung erhalten. Bei Bräuten ist eine Schwangerschaft möglich.

Wunsch: Wird sich definitiv erfüllen.

Ehe: Gute Paarung mit einer ausgezeichneten Zukunft.

Liebe: Erfolg ist möglich, überstürzen Sie aber nichts.

Familie: Schrittweises Gedeihen des Familienbesitzes.

Kinder: Glückliche Kinder, die wahrscheinlich Erfolg haben werden. Schwangerschaft: Mädchen.

Kredit: Der Erfolg ist sicher.

Geschäft: Profite fallen wie erhofft aus, Sie dürfen aber nichts überstürzen.

Börse: Langsam steigende Kurse.

Lebenserwartung: Gesundes und langes Leben.

Krankheit: Genesung wird etwas Zeit benötigen, aber Sie werden sich wahrscheinlich erholen. Erkrankungen der inneren Organe, besonders im Unterleib.

Auf jemanden wartend: Wird spät kommen.

Nach jemandem suchend: Die Suche wird länger dauern, aber die Person ist gesund und munter und wird gefunden werden. Suchen Sie im Südwesten oder Südosten.

Verlorener Gegenstand: Kann gefunden werden. Suchen Sie im Südosten oder Südwesten.

Reise: Günstig.

Streitigkeiten: Sie werden Erfolg haben oder es kommt zu einer sehr günstigen Einigung.

Beruf: Sie können Ihre Ziele realisieren.

Prüfungen: Hervorragende Noten.

Neues Geschäft, Berufswechsel oder Spezialisierung, Umzug: Fahren Sie fort.

Wetter: Warmes, wunderschönes Wetter mit leichter Brise. Wird einige Zeit anhalten.

HEXAGRAMM 47

K'un

kun

Die Bedrängnis

Primär	*oben*	*Tui*	*Das Heitere*
	unten	*K'an*	*Das Abgründige*
Kern	*oben*	*Sun*	*Das Sanfte*
	unten	*Li*	*Das Haltende*

K'un bedeutet Schwierigkeiten, Widerstände, Leiden, Ärger und Erschöpfung. Das obere Trigramm *Tui* symbolisiert Sümpfe und das untere Trigramm *K'an* symbolisiert Wasser. Wasser sammelt sich normalerweise in Sümpfen, aber in diesem Hexagramm befindet sich das Wasser unter dem Sumpf, das heißt, das Wasser ist ausgelaufen und hat den Sumpf ausgetrocknet. Wichtige Dinge fehlen. Die Situation ist gefährlich. In der Weissagung heißt das, dass man sich inmitten von Schwierigkeiten und Mangel befindet. Wenn man sich aber immer integer verhält, kann man mit Selbstdisziplin und Geduld auf einen Wandel des Schicksals warten.

Die Weissagung

Eine Zeit der Härten, der Not, des Versagens und der Einsamkeit. Ein Vordringen führt zu Widerstand. Am besten zieht man sich zurück und hält die Stellung. Warten Sie mit Enthaltsamkeit und Selbstdisziplin auf bessere Zeiten.

Wunsch: Kann nicht erfüllt werden.

Ehe: Schlechte Paarung ohne Erfolgsaussicht. Besser nach neuem Partner umsehen.

Liebe: Wird scheitern.

Familie: Schwindendes Glück, finanzielle Schwierigkeiten. Sie müssen hart arbeiten und kämpfen, um das Familienvermögen zu erhalten. Am Ende werden Sie die Früchte Ihrer Mühen ernten können.

Kinder: Keine Kinder oder keine Sorgen durch Kinder. Schwangerschaft: Mädchen.

Kredit: Ohne Erfolg.

Geschäft: Viele Hindernisse; das Geschäft läuft nicht wie erwartet.

Börse: Niedrige Kurse, die noch tiefer fallen.

Lebenserwartung: Ungesund und schwach. Ohne strenge Selbstdisziplin nur ein kurzes Leben.

Krankheit: Schwere und langwierige Krankheit. Die Hoffnung für eine Rekonvaleszenz liegt in verbesserter Medizintechnik. Lungenkrankheiten schädigen die inneren Organe der Brust und des Bauchbereichs.

Auf jemanden wartend: Wird nicht kommen. Es besteht die Möglichkeit, dass die Person erst nach einer langen Zeit kommt.

Nach jemandem suchend: Aufenthaltsort unbekannt. Sie können nur auf den natürlichen Lauf der Dinge warten. Unter Umständen kommt auf diese Weise Nachricht.

Verlorener Gegenstand: Ist nicht leicht zu finden. Suchen Sie im Norden oder Westen.

Reise: Ungünstig.

Streitigkeiten: Zeitaufwändig und verwirrend. Es ist am besten, auf die Zeit zu vertrauen.

Beruf: Keine Hoffnung.

Prüfungen: Schlechte Noten.

Neues Geschäft, Berufswechsel oder Spezialisierung, Umzug: Nicht die richtige Zeit.

Wetter: Anhaltend schlechtes Wetter.

HEXAGRAMM 48

Ching

jing

Der Brunnen

Primär	*oben*	*K'an*	*Das Abgründige*
	unten	*Sun*	*Das Sanfte*
Kern	*oben*	*Li*	*Das Haltende*
	unten	*Tui*	*Das Heitere*

Ching bedeutet Brunnen. Das obere Trigramm *K'an* symbolisiert Wasser, während das untere Trigramm *Sun* Holz bedeutet. Es bedeutet außerdem Eintreten oder Kommen und Gehen. Als Ganzes gesehen, ergibt das Hexagramm das Bild eines hölzernen Brunneneimers. Alte Stammeskulturen siedelten neben Fließgewässern und Quellen. Quellen oder Brunnen erlauben die Entnahme von Wasser, ohne den Nachschub zu erschöpfen. Allerdings muss der Mensch massive Anstrengungen unternehmen, um einen Brunnen zu bohren und seinen Durst zu stillen. In der Weissagung bedeutet dieses Hexagramm, dass man gute Taten zum Nutzen anderer vollbringen soll. Gleichzeitig soll man ruhig und friedvoll wie ein Brunnen sein.

Die Weissagung

Ruhiges und friedliches Schicksal. Man vermeidet am besten aktives Handeln. Bewahren Sie Ihre momentane Position, um sich Frieden, Ruhe und ein sorgenfreies Leben zu erhalten.

Wunsch: Momentan keine Hoffnung. Durchhaltevermögen kann aber Erfolg bringen.

Ehe: Stabile, gute Paarung, Übereifer oder Hektik führen zum Scheitern. Geduld und Duldsamkeit führen zum Erfolg.

Liebe: Ein natürlicher und ernsthafter Umgang mit dem anderen führt zum Erfolg. Übereifer schadet.

Familie: Harmonisch, ruhig, friedvoll.

Kinder: Gesunde und glückliche Kinder mit Spaß am Leben. Schwangerschaft: Junge. Sichere und problemlose Niederkunft.

Kredit: Im Moment keine Hoffnung.

Geschäft: Ein zurückhaltendes und durchdachtes Vorgehen bringt Profit. Handeln Sie nicht übereilt. Handeln Sie stattdessen ehrlich und zielstrebig.

Börse: Fallende Kurse.

Lebenserwartung: Gesundes, langes Leben.

Krankheit: Geduldige Rekonvaleszenz führt zur Gesundung. Erkältungen, Harnwegsbeschwerden, Beschwerden in der unteren Körperhälfte.

Auf jemanden wartend: Wird vorläufig nicht kommen. Warten Sie geduldig.

Nach jemandem suchend: Versteckt sich in der Nähe, aber die Suche ist sehr zeitaufwändig. Der gesuchten Person geht es aber gut und sie wird schließlich gefunden. Suchen Sie im Norden oder Südosten.

Verlorener Gegenstand: Im Haus verloren. Geduldige Suche führt zum Erfolg. Suchen Sie an niedrig gelegenen Orten im Südosten.

Reise: Für den Augenblick ist es besser abzuwarten.

Streitigkeiten: Ungünstig. Suchen Sie besser nach einem Kompromiss.

Beruf: Seien Sie nicht zu ungeduldig.

Prüfungen: Mittelmäßige Noten.

Neues Geschäft, Berufswechsel oder Spezialisierung, Umzug: Ändern Sie am besten nichts.

Wetter: Wolkig mit gelegentlichem Regen.

HEXAGRAMM 49

Ko

ge

Die Umwälzung

Primär	*oben*	*Tui*	*Das Heitere*
	unten	*Li*	*Das Haltende*
Kern	*oben*	*Ch'ien*	*Das Schöpfende*
	unten	*Sun*	*Das Sanfte*

Ko bedeutet Revolution, Veränderung, Reform und Erneuerung. Das obere Trigramm *Tui* symbolisiert Sümpfe und das untere Trigramm *Li* symbolisiert Feuer. Das Feuer ist im Sumpfland. Wenn es heftig brennt, wird der Sumpf austrocknen. Ist das Wasser übermächtig, wird das Feuer gelöscht. So zeigt das Hexagramm also Reform oder Wandel an. *Li* steht auch für die Sonne. Diese geht hier im Westen unter, der durch *Tui* repräsentiert wird. Dies gibt dem Hexagramm die Bedeutung des Wandels vom Tag zur Nacht. Außerdem steht *Li* für Sommer und *Tui* für Herbst. Das Hexagramm steht also auch für Jahreszeiten- und Wetterwechsel. *Ko* ist das Verschieben alter Dinge ins Neue. Diese Erneuerung sollte dem korrekten Pfad der Veränderung folgen. In der Weissagung bedeutet dies, dass sowohl im Persönlichen als auch im näheren Umfeld Veränderungen anstehen.

Die Weissagung

Eine Zeit umfassender Veränderung. Sie sollten verschiedene Dinge mit Mut und Weisheit in Ordnung bringen und neue Arrangements treffen.

Dies öffnet eine leuchtende Zukunft. Das Wichtigste aber ist, auf dem korrekten Pfad zu bleiben. Sie können unter Umständen umziehen oder sogar in Komplikationen geraten.

Wunsch: Nach anfänglichen Schwierigkeiten stellt sich der Erfolg ein. Am besten geht man Dinge auf neuem Wege an.

Ehe: Erfolg ist möglich. Erstehen sind ungünstig. Mann und Frau werden sich später trennen. Erneuerte Ehen verlaufen positiv.

Liebe: Ungünstig. Wechseln Sie die Taktik oder suchen Sie neu.

Familie: Komplikationen und Härten. Sie müssen die familiären Beziehungen mit Mut und Entschlossenheit neu ordnen. Zunächst wird es mühsam vorangehen, aber schließlich ernten Sie Glück und Wohlbefinden.

Kinder: Zwischen Eltern und Kindern besteht ein Dilemma oder ein Widerspruch. Die Situation muss umgekehrt werden. Schwangerschaft: Mädchen.

Kredit: Schwierigkeiten. Ändern Sie Ihre Vorgehensweise, dann ist Erfolg möglich.

Geschäft: Ändern Sie Ihre Vorgehensweise und Sie werden möglicherweise Erfolg haben und Profit machen.

Börse: Fluktuation, instabile Kurse, werden später steigen.

Lebenserwartung: In der Jugend schwach und kränklich. Als Erwachsener wird Ihre Kraft langsam wachsen und Sie können ein langes, gesundes Leben führen.

Krankheit: Lebensgefahr. Es besteht eine kleine Hoffnung, wenn Sie den Arzt, das Krankenhaus oder die Behandlungsmethode wechseln. Herzbeschwerden, Augenkrankheiten und Erkrankungen des Unterbauchs.

Auf jemanden wartend: Wird nicht kommen. Wenn doch, dann nur gezwungenermaßen.

Nach jemandem suchend: Sie müssen die Suchmethode ändern, um die Person zu finden. Suchen Sie im Westen oder Süden.

Verlorener Gegenstand: Hat bereits den Eigentümer gewechselt. Nicht leicht wiederzubeschaffen.

Reise: Ein Aufbruch verheißt Positives. Seien Sie aber auf der Reise vorsichtig.

Streitigkeiten: Eine andere Taktik macht den Sieg möglich.

Beruf: Eine andere Taktik oder Suchmethode wird zum Erfolg führen.

Prüfungen: Recht gute, aber keine Prädikatsnoten.

Neues Geschäft, Berufswechsel oder Spezialisierung, Umzug: Günstig.

Wetter: Wechselhaftes Wetter.

HEXAGRAMM 50

Ting

ding

Der Opfertiegel

Primär	*oben*	*Li*	*Das Haltende*
	unten	*Sun*	*Das Sanfte*
Kern	*oben*	*Tui*	*Das Heitere*
	unten	*Ch'ien*	*Das Schöpfende*

Ting bezieht sich auf einen für Opferrituale verwendeten Kessel mit zwei Henkeln und drei Füßen. Die Form des Hexagramms erinnert an die Form dieses Kessels. Die untere durchbrochene Linie *(Yin)* zeigt die Füße. Die Linien zwei, drei und vier sind fest *(Yang)* und stellen den Korpus des Kessels dar. Die durchbrochene fünfte Linie erinnert an die beiden Henkel und die feste oberste Linie stellt einen Deckel dar.

Das obere Trigramm ist *Li,* das Feuer symbolisiert. Das untere Trigramm ist *Sun,* das Holz symbolisiert. Als Ganzes gesehen, zeigt das Hexagramm ein Kochfeuer. Die drei Füße des *Ting*-Kessels stehen für Umwelt, Wohlstand und Intelligenz – alle drei sicher und gesund. Das bedeutet, dass alle Dinge völlig in Ordnung, sicher und in einer stabilen Lage sind. In der Weissagung steht dieses Hexagramm für Stabilität und ungehinderten Fluss.

Die Weissagung

Sicherheit, Fülle und ungehindertes Schicksal. Vielleicht interessiert sich ein Vorgesetzter für Sie und bringt Ihre Talente zur vollen Entfaltung. Kooperationen versprechen Erfolg.

Wunsch: Wird sich erfüllen.

Ehe: Eine glückliche und gedeihliche Paarung. Garantierte Erfolg. Eine dritte Person kann erscheinen – ein Liebhaber, eine Schwiegermutter oder jemand anderes – aber die Ehe wird harmonisch und befriedigend bleiben.

Liebe: Garantierter Erfolg.

Familie: Das bereits Glück verheißende Geschick verbessert sich noch weiter.

Kinder: Die Kinder sind mit herausragendem Talent gesegnet. Sie werden im Leben viel Erfolg haben. Schwangerschaft: Mädchen.

Kredit: Erfolgreich.

Geschäft: Großer Profit.

Börse: Stabil und vorteilhaft.

Lebenserwartung: Gesundes, langes Leben.

Krankheit: Schnelle Erholung. Erkrankungen des Verdauungstrakts, Diabetes.

Auf jemanden wartend: Wird kommen.

Nach jemandem suchend: Diese Person wird bald gefunden werden oder von selbst zurückkehren. Suchen Sie im Südosten oder Süden.

Verlorener Gegenstand: Kann gefunden werden. Suchen Sie im Südosten oder Süden.

Reise: Wird günstig verlaufen.

Streitigkeiten: Sieg.

Beruf: Alles läuft glatt.

Prüfungen: Exzellente Noten.

Neues Geschäft, Berufswechsel oder Spezialisierung, Umzug: Sehr günstig.

Wetter: Schönes, trockenes Wetter mit einer sanften Brise.

HEXAGRAMM 51

Chen

zhen

Der Donner

Primär	*oben*	*Chen*	*Das Erregende*
	unten	*Chen*	*Das Erregende*
Kern	*oben*	*K'an*	*Das Abgründige*
	unten	*Ken*	*Das Stillhalten*

Chen bedeutet Aufregen, Inspirieren, Aufrühren, Schockieren und Erregen. Sowohl das obere als auch das untere Trigramm ist *Chen*. In diesem Hexagramm werden die beiden festen *Yang*-Linien (die jeweils unterste Linie jedes Trigramms) durch die durchbrochenen *Yin*-Linien unterdrückt. Dies erregt den Zorn der *Yang*-Kraft und sie versucht mit Entschlossenheit, die Unterdrückung zu sprengen und sich auszudehnen. Das Trigramm *Chen* steht für Donner. Da beide Trigramme *Chen* sind, finden wir hier überall Donner. In der Weissagung bedeutet dies, dass jetzt die Zeit zum Erwachen gekommen ist, um Schwierigkeiten zu überwinden, Wünsche zu erfüllen und Ziele zu erreichen.

Die Weissagung

Es gibt zwar viele Schwierigkeiten, aber das Geschick wendet sich vom Dunklen zum Hellen. Gehen Sie logisch und Schritt für Schritt vor und überwinden Sie die Schwierigkeiten. Dann können Sie auch Ihre Ziele erreichen und Ihnen lacht das Geschick. Sie können zu plötzlichem Ruhm oder Reichtum kommen oder das Vertrauen und die Unterstützung vieler erlangen. Vielleicht erben Sie ein Geschäft und kommen zu Reichtum. Auf der anderen Seite führen Selbstüberschätzung und Zurückweisung abweichender Meinungen zu Konflikten und Versagen. Sie müssen vorsichtig sein.

Wunsch: Sie können Schwierigkeiten beseitigen und Erfolg haben.

Ehe: Erstehen stehen unter keinem glücklichen Stern. Erneute Vermählungen sind günstig.

Liebe: Auch wenn es einige Turbulenzen gibt, stellt sich am Ende der Erfolg ein.

Familie: Härten, Ärger und Schwierigkeiten. Mit großer Entschlossenheit können Sie das Geschick der Familie zum Positiven wenden.

Kinder: Die Kinder werden Ihnen Kummer und Sorgen bereiten. Alle Kinder sind aber in der Lage zu kämpfen, und jedes findet zu Glück und Erfolg. Da die Kinder stur und eigensinnig sind, muss man bei der Erziehung besonders sorgfältig vorgehen. Schwangerschaft: Junge.

Kredit: Zunächst müssen viele Schwierigkeiten überwunden werden. Dann aber winkt Ihnen Erfolg.

Geschäft: Sobald der Ärger überwunden ist, erwarten Sie große Profite.

Börse: Steigende Kurse.

Lebenserwartung: Gesundes, langes Leben.

Krankheit: Ernsthaft mit langsamer Erholung. Nervenleiden, Neuralgien, Hirnerkrankungen und akute innere Krankheiten.

Auf jemanden wartend: Wird unerwartet früh kommen.

Nach jemandem suchend: Weit weg. Etwas Besorgnis erregend, aber keine echte Gefahr. Suchen Sie im Osten.

Verlorener Gegenstand: Suchen Sie schnellstmöglich, denn wenn er nicht bald gefunden wird, werden Sie ihn nicht zurückbekommen. Suchen Sie im Osten.

Reise: Auf halbem Wege lauert eventuell Ärger, aber Sie werden das Ziel Ihrer Reise erreichen.

Streitigkeiten: Gehen Sie mit Festigkeit und starker Haltung vor und Sie werden siegen.

Beruf: Schwierigkeiten. Sie sind mit Stärke zu überwinden und so können Sie Ihr Ziel erreichen.

Prüfungen: Aufregung, aber gute Noten.

Neues Geschäft, Berufswechsel oder Spezialisierung, Umzug: Gehen Sie voran, aber drängen Sie nicht.

Wetter: Unsicher mit möglichen Wolkenbrüchen.

HEXAGRAMM 52

Ken

gen

Das Stillhalten

Primär	*oben*	*Ken*	*Das Stillhalten*
	unten	*Ken*	*Das Stillhalten*
Kern	*oben*	*Chen*	*Das Erregende*
	unten	*K'an*	*Das Abgründige*

Ken bedeutet Bewegungslosigkeit, Ruhe, Stillstand und Schweigen. Beide Trigramme sind *Ken,* was Berge symbolisiert. Das Bild zeigt stille und unverrückbare Berge. In der Weissagung bedeutet dies, dass man wie die Berge still und bewegungslos auf den richtigen Moment warten soll.

Die Weissagung

Viele Hindernisse. Das Geschick stagniert. Ignorieren Sie weltliche Gewinne, reden Sie nicht so viel, seien Sie edel und erhaben wie ein Berg, bewahren Sie sich unerschütterlichen Glauben und Überzeugungen und warten Sie auf den geeigneten Augenblick.

Wunsch: Erfolglos. Sie müssen warten.

Ehe: Schlechte, unpassende Paarung. Ein Erfolg ist nicht möglich.

Liebe: Einseitig, erfolglos.

Familie: Das Schicksal stagniert. Die Familie ist uneins und streitet viel. Nur geduldige, harte Arbeit kann die Schwierigkeiten überwinden und Glück und Wohlbefinden wieder herstellen.

Kinder: Starke, sehr unabhängige Persönlichkeiten. Sie kommen mehr auf den Vater als auf die Mutter. Schwangerschaft: Junge. Möglichkeit einer schwierigen Niederkunft.

Kredit: Hat keinen Erfolg. Sie müssen warten.

Geschäft: Stagniert ohne große Gewinne oder Verluste, aber mit vielen Kopfschmerzen.

Börse: Nur sehr wenig Bewegung.

Lebenserwartung: Angegriffene Gesundheit, möglicherweise ein kurzes Leben. Sie müssen viel Selbstdisziplin aufbringen.

Krankheit: Langwierig. Tuberkulose, Arterienverkalkung und Hirnerkrankungen.

Auf jemanden wartend: Wird nicht kommen.

Nach jemandem suchend: Diese Personen kann wieder an ihrem Ausgangsort sein. Suchen Sie an einem hoch gelegenen Ort im Nordosten.

Verlorener Gegenstand: Nicht leicht zu finden. Suchen Sie im Nordosten.

Reise: Unvorteilhaft. Warten Sie und versuchen Sie es später.

Streitigkeiten: Zeit raubend und unvorteilhaft. Suchen Sie am besten nach einem Kompromiss.

Beruf: Zeit raubend ohne echtes Ergebnis. Sie müssen warten.

Prüfungen: Entweder mittelmäßige oder schlechte Noten.

Neues Geschäft, Berufswechsel oder Spezialisierung, Umzug: Unvorteilhaft. Behalten Sie besser ihre derzeitige Stellung.

Wetter: Wolkig.

HEXAGRAMM 53

Chien

jian

Der Allmähliche Fortschritt

Primär	*oben*	*Sun*	*Das Sanfte*
	unten	*Ken*	*Das Stillhalten*
Kern	*oben*	*Li*	*Das Haltende*
	unten	*K'an*	*Das Abgründige*

Chien bedeutet ordentlicher, allmählicher Fortschritt. Das obere Trigramm *Sun* steht für Bäume, während das untere Trigramm *Ken* Berge symbolisiert. Als Ganzes gesehen ist das Hexagramm ein Bild von Bäumen auf einem Berg. Bäume wachsen langsam und allmählich und deshalb deutet das Hexagramm auf allmählichen Fortschritt hin. In der Weissagung bedeutet es, dass sich alles allmählich öffnet. Im *I Ging* fliegt das Wasserhuhn vom Wasser über das Land und über die Bäume zu den Bergen. Das Gleiche gilt für Frauen, die zum Heiraten an seltsame Orte gehen. In beiden Fällen bringt die Bewegung Wohlergehen und Glück.

Die Weissagung

Das Schicksal öffnet sich allmählich; die Dinge glätten sich langsam. Die Zukunft ist voller Licht und Hoffnung. Erfolg entsteht aus allmählichem Fortschritt. Es bringt kein Glück, zu schnell oder ungestüm vorwärts zu drängen. Es besteht die Möglichkeit einer Flugreise. Für Frauen bedeutet dieses Hexagramm die Möglichkeit eines freudigen Ereignisses.

Wunsch: Wird sich nicht sofort erfüllen. Es muss erst einige Zeit vergehen.

Ehe: Eine gute Paarung. Erfolg ist möglich.

Liebe: Erfolg ist möglich. Sie müssen aber langsam vorgehen. Hektik oder Ungestüm führen zum Misserfolg.

Familie: Das Geschick der Familie verbessert sich allmählich und es stellen sich Glück und Segen ein. Die Familie zu verlassen und seinen Lebensunterhalt in der Fremde zu verdienen, kann zu beträchtlichen Erfolgen führen.

Kinder: Gehorsam und aufrichtig. Alle haben gute Aussichten. Je älter Sie werden, desto glücklicher werden Sie mit Ihren Kindern. Schwangerschaft: Mädchen.

Kredit: Ist nicht sofort erhältlich. Es muss erst einige Zeit vergehen.

Geschäft: Allmählich zunehmende Erfolge und Profite. Können nicht beschleunigt werden.

Börse: Langsam steigend.

Lebenserwartung: Gesundes, langes Leben.

Krankheit: Langwierige Rekonvaleszenz. Umsorgt sein führt zur Erholung. Erkrankungen an Ohren, Nase, Magen und Darm.

Auf jemanden wartend: Wird etwas später kommen, kommt aber auf jeden Fall.

Nach jemandem suchend: Weit weg. Die Suche wird sehr zeitaufwändig. Dem Gesuchten geht es aber gut und er wird am Ende gefunden werden. Suchen Sie im Nordosten oder Südosten.

Verlorener Gegenstand: Die Suche wird zeitaufwändig, aber der Gegenstand kann gefunden werden. Suchen Sie geduldig an hoch gelegenen Orten im Südosten oder Nordosten.

Reise: Günstig.

Streitigkeiten: Fortgesetztes stures Festhalten hat keinen Erfolg. Entscheiden Sie sich für einen Kompromiss und gehen Sie geduldig vor.

Beruf: Es wird einige Zeit dauern, aber am Ende werden Sie einen guten Job finden.

Prüfungen: Allmähliche Verbesserung der Noten.

Neues Geschäft, Berufswechsel oder Spezialisierung, Umzug: Erfolg verheißend. Überstürzen Sie aber nichts.

Wetter: Allmähliche Wetterbesserung.

HEXAGRAMM 54

Kuei Mei

gui mei

Das Heiratsfähige Mädchen

Primär	*oben*	*Chen*	*Das Erregende*
	unten	*Tui*	*Das Heitere*
Kern	*oben*	*K'an*	*Das Abgründige*
	unten	*Li*	*Das Haltende*

Kuei Mei heißt, dass die jüngere Schwester vor der älteren heiratet. Im alten China verstieß dies gegen Gesellschaftsregeln und galt als ungehörig. Das obere Trigramm *Chen* steht für den ältesten Sohn, während das untere Trigramm *Tui* die jüngste Tochter sowie Freude oder Entzücken symbolisiert. Auch die von Leidenschaft diktierte Vereinigung einer jüngeren Frau mit einem älteren Mann wurde als Verstoß gegen den Moralkodex angesehen. In der Weissagung repräsentiert dieses Hexagramm die Verletzung gesellschaftlicher Konventionen oder ethischer Regeln und auf Emotionen begründetes Handeln. Somit lässt sich unerwartetes Missgeschick nur schwerlich vermeiden. Man muss also sehr vorsichtig sein.

Die Weissagung

Wenn Sie sich körperlichen Vergnügungen hingeben, die gegen gesellschaftliche Regeln verstoßen, werden Sie schnell Misserfolg ernten. Deshalb müssen Sie eine neue Seite aufschlagen und sich selbst verändern, um Unheil zu vermeiden. Nichts wird von Anfang bis Ende beständig bleiben. Sie können auf einige Komplikationen stoßen. Frauen, die im Nachtleben arbeiten – Bardamen, Tanzmädchen und so weiter – werden einen guten Beschützer finden.

Wunsch: Zunächst scheint Erfolg wahrscheinlich, aber es endet im Misserfolg.

Ehe: Es besteht zwar bereits Vertrautheit, aber ein Erfolg der Heirat erscheint unwahrscheinlich. Selbst, wenn eine Hochzeit stattfindet, ist es keine harmonische Paarung. Frauen können Nebenfrau oder sogar nur Geliebte sein.

Liebe: Für einander nicht geeignet. Es mag zwar eine Phase zärtlicher Zuneigung geben, diese endet aber in trauriger Trennung.

Familie: Von außen betrachtet mag die Familie wohlhabend und harmonisch sein. In Wirklichkeit aber gibt es Uneinigkeit, Missstimmungen und Unglückseligkeit.

Kinder: Zügellos, verschwenderisch oder wild. Fragwürdige Moral, besonders bei Töchtern. Schwangerschaft: Mädchen.

Kredit: Erfolglos.

Geschäft: Zunächst scheint alles glatt zu laufen. Tatsächlich führen Fehlberechnungen und Planungsfehler zu Verlusten oder gar zum Scheitern.

Börse: In der Mitte fallender Kurse.

Lebenserwartung: Bisher gesund, aber unzureichende Pflege des Körpers und Unsauberkeit führen zu körperlichen Schäden.

Krankheit: Erholung möglich. Fortgesetzte Vernachlässigung von Körper und Hygiene verschlechtern die Situation bis hin zu Hoffnungslosigkeit. Geschlechtskrankheiten, Leber- und Brustkrankheiten.

Auf jemanden wartend: Wird nicht kommen.

Nach jemandem suchend: Ist wegen der Disharmonie zu Hause oder wegen einer sexuellen Affäre gegangen. Kann in Gefahr sein. Suchen Sie im Osten oder Westen. Die Suche kann erfolglos sein.

Verlorener Gegenstand: Nicht wiederzufinden.

Reise: Hindernisse und Missgeschick. Reise am besten absagen.

Streitigkeiten: Unvernünftiges Beharren führt zweifellos zu Niederlage. Ein Kompromiss ist besser.

Beruf: Keinen Erfolg.

Prüfungen: Schlechte Noten.

Neues Geschäft, Berufswechsel oder Spezialisierung, Umzug: Ungünstig. Am besten für den Augenblick unterlassen.

Wetter: Wolkig, später aufklarend.

HEXAGRAMM 55

Feng

feng

Die Fülle

Primär	*oben*	*Chen*	*Das Erregende*
	unten	*Li*	*Das Haltende*
Kern	*oben*	*Tui*	*Das Heitere*
	unten	*Sun*	*Das Sanfte*

Feng bedeutet Fülle, Reichhaltigkeit und Wohlstand. Das obere Trigramm *Chen* steht für Bewegung, während das untere Trigramm *Li* Strahlen oder Licht symbolisiert. Das Hexagramm zeigt also ehrliche und offene Bewegung. Ehrliches und offenes Vorgehen in allen Dingen führt zu Erfolg und Fortschritt. Sobald sich Erfolg einstellt, folgen Reichhaltigkeit und Fülle. *Chen* steht außerdem für Achtung gebietendes Prestige und Courage und *Li* steht für Weisheit und Intelligenz. Zusammen sind Weisheit und das Achtung Gebietende von unvergleichlicher Großartigkeit. In der Weissagung bedeutet dies, dass außergewöhnlicher Wohlstand ansteht. Da alles nach Erreichen der Spitze abfällt, muss man eine Strategie entwickeln, um sich gegen diesen Abstieg zu wappnen.

Die Weissagung

Ein leichtes, gutes Geschick steht an. Allerdings führen Nachlässigkeit und Selbstzufriedenheit zu einem Schwund des Reichtums. Zur gleichen Zeit aber können Sie glücklicherweise viel Geld verdienen. Meiden Sie aber Extravaganz, Verschwendung und Eitelkeit. Möglicherweise führt zu große Prominenz dazu, dass Sie betrogen oder in Probleme verstrickt werden. Auf Künstler und Kulturschaffende wartet eine Zukunft voller unbeschränkter Möglichkeiten.

Wunsch: Problemloses Erreichen des Ziels.

Ehe: Gedeihliche gute Paarung.

Liebe: Ein Erfolg ist möglich, aber selbstsüchtige Handlungen ohne Rücksicht auf andere können zum Scheitern führen.

Familie: Blühender Wohlstand. Nichtsdestotrotz können Arroganz und Überheblichkeit zum Niedergang führen.

Kinder: Auf sie warten viel Glück und Wohlergehen. Sie dürfen aber bei ihrer Erziehung nicht nachlässig sein. Schwangerschaft: Junge.

Kredit: Erfolgreich.

Geschäft: Große Profite sind möglich.

Börse: Die Kurse steigen.

Lebenserwartung: Gesundes, langes Leben.

Krankheit: Schwer. Ihre Gesundheit war bisher nicht besonders stabil, deshalb erfordert die Rekonvaleszenz besonders sorgfältige Pflege.

Erkrankungen des Nervensystems, des Magens sowie des Darms und Diabetes.

Auf jemanden wartend: Wird mit guten Nachrichten kommen.

Nach jemandem suchend: Keine Sorge. Sie erfahren den Aufenthaltsort der Person oder sie kommt selber.

Verlorener Gegenstand: Der Verlust entstand durch Sorglosigkeit. Suchen Sie ruhig und konzentriert und Sie werden ihn finden. Suchen Sie im Osten oder Süden.

Reise: Erfolg versprechend.

Streitigkeiten: Sieg oder eine vorteilhafte Einigung oder ein Kompromiss.

Beruf: Sie können eine gute Stellung finden.

Prüfungen: Exzellente Noten.

Neues Geschäft, Berufswechsel oder Spezialisierung, Umzug: Erfolg versprechend. Machen Sie weiter.

Wetter: Im Moment gutes Wetter, kann aber umschlagen.

HEXAGRAMM 56

Lü

lü

Der Wanderer

Primär	*oben*	*Li*	*Das Haltende*
	unten	*Ken*	*Das Stillhalten*
Kern	*oben*	*Tui*	*Das Heitere*
	unten	*Sun*	*Das Sanfte*

Lü bedeutet Reise oder Reisender. Das obere Trigramm *Li* symbolisiert Feuer, während das untere Trigramm *Ken* für Berge steht. Zusammengenommen zeigt das Hexagramm ein in der Bergwildnis brennendes Feuer. Ein Berg ist stationär und unbeweglich. Ein Feuer aber ist in ständiger Bewegung und brennt sich von einem Ort zum andern. In diesem Fall steht der Berg für die Reise und das Feuer für den Reisenden, der sich bewegt und instabil ist. In der Weissagung ist dies wie jemand, der in der Fremde umherwandert. Diese Person fühlt sich unnatürlich, fremd, einsam und unwohl. Alles sieht nach Mühsal aus.

Die Weissagung

Wie auf einer Reise fehlt dem Geschick die Stabilität. Die Dinge schweben, treiben und sind instabil und nichts scheint zu verlaufen, wie gehofft. Hier sind Vorsicht und Zurückhaltung nötig. Übereilen Sie nichts. Legen

Sie eine freundliche, sanfte Haltung an den Tag. Das Folgende ist möglich: Ein Wechsel des Arbeitsplatzes oder Sie müssen alleine und ohne Hilfe zurechtkommen. Während einer Reise kommt es zu Hause zu Ärger oder Komplikationen, ein Umzug kann zu Schwierigkeiten führen. Sie können sogar von einem Feuer heimgesucht werden.

Wunsch: Kleine Wünsche sind erfüllbar, große aber sind unerreichbar.

Ehe: Die Emotionen auf beiden Seiten stimmen nicht völlig überein. Dies und andere Probleme machen die Ehe erfolglos. Selbst wenn die Ehe hält, wird das Paar mit vielen Schwierigkeiten und Problemen zu kämpfen haben. Eine instabile, unpassende Paarung.

Liebe: Die Absichten der anderen Seite schwanken. Dies führt zum Scheitern.

Familie: Keine Gefühle füreinander. Das Familiengeschick ist instabil und ungünstig.

Kinder: Die Gefühle zwischen Eltern und Kindern sind unharmonisch. Schwangerschaft: Mädchen.

Kredit: Kann nur eine kleine Summe leihen.

Geschäft: Weder große Profite noch große Verluste. Geschäft ist lau.

Börse: Schwankende Kurse. Steigen später.

Lebenserwartung: Schwach und ungesund. Ein kurzes Leben ist wahrscheinlich.

Krankheit: Unsichere, schwankende, instabile Kondition. Langwierig und zeitaufwändig. Lebensgefahr. Erkrankungen der Atemwege und des Verdauungstrakts.

Auf jemanden wartend: Kann nach vielen Tagen schließlich kommen. Die Wahrscheinlichkeit, dass die Person nicht kommt, ist hoch.

Nach jemandem suchend: Weit weg und an einem unbekannten Ort. Nicht leicht zu finden.

Verlorener Gegenstand: Ist bereits in die Hände eines anderen gefallen und kann nicht wiedergefunden werden.

Reise: Obwohl Ärger und Hindernisse die Reise behindern werden, müssen Sie sie leider doch unternehmen.

Streitigkeiten: Zeitaufwändig und vergebens. Am besten aufgeben.

Beruf: Zumindest im Moment keine Hoffnung.

Prüfungen: Schlechte Noten.

Neues Geschäft, Berufswechsel oder Spezialisierung, Umzug: Ungünstig. Am besten warten.

Wetter: Unsicheres, schlechtes Wetter.

HEXAGRAMM 57

Sun

sun

Die Bereitwillige

Primär	*oben*	*Sun*	*Das Sanfte*
	unten	*Sun*	*Das Sanfte*
Kern	*oben*	*Li*	*Das Haltende*
	unten	*Tui*	*Das Heitere*

Beide Trigramme sind *Sun* und symbolisieren den Wind. Der Wind gelangt überallhin und verleiht dem Hexagramm die Bedeutung des Kommens und Gehens. Die durchbrochene *Yin*-Linie in jedem Trigramm wird von zwei festen *Yang*-Linien unterdrückt. Die *Yin*-Kraft zieht sich in negativer Weise nach unten zurück. In diesem Fall kann sie sich aber wegen der *Yang*-Linien nirgendwohin zurückziehen. Deshalb bedeutet dieses Hexagramm auch Gehorsam und Fügsamkeit. In der Weissagung bedeutet das, dass man nicht die Aktion zum bestimmenden Element machen darf, sondern sich stattdessen wie mit dem Wind bewegen soll. Man folgt der Führung anderer und lässt sich die Situation von selbst entwickeln. Dies verspricht Vorteile.

Die Weissagung

Das Schicksal bewegt sich wie der Wind, instabil und wandernd. Nehmen Sie in allen Angelegenheiten und im Umgang mit Menschen eine bescheidene, zurückhaltende Haltung ein und passen Sie sich schnell an wechselnde Umstände an. Dies kann Ihnen leichte Vorteile bringen. Es können Ihnen folgende Unglücke zustoßen: Raub, Nachteile, die aus Zögern und Entscheidungsschwäche entstehen, und Verlust oder Misserfolge durch Konflikte oder impulsive Handlungen.

Wunsch: Ein vernünftiger Wunsch kann realisiert werden. Übertriebene Wünsche sind vergebens.

Ehe: Die Erfolgsaussichten sind gering. Es ist eine dritte Person im Spiel und ihr Partner kann sich nicht entscheiden, wen er oder sie heiraten will.

Liebe: Schwankt. Gehen Sie die Situation mit Ruhe und ruhiger Entschlossenheit an und Erfolg ist möglich.

Familie: Viele Hindernisse und Komplikationen. Folgen Sie dem Rat ihrer Eltern und bewahren Sie die Ruhe, damit das Familiengeschick erneut aufblüht.

Kinder: Bei der Erziehung sind Härten und Ärger kaum zu vermeiden. Nichtsdestotrotz sind die Kinder gehorsam und loyal. Schwangerschaft: Mädchen.

Kredit: Es kann nur ein kleiner Betrag aufgenommen werden.

Geschäft: Kleine Profite sind möglich.

Börse: Die Kurse sind im Augenblick instabil, werden aber später steigen.

Lebenserwartung: Gesundheitsrisiken sind nur schwer zu vermeiden, aber bei der richtigen Pflege Ihres Körpers können Sie ein langes Leben führen.

Krankheit: Schwankende Schwere. Langwierig und Zeit raubend, aber keine Lebensgefahr. Erkrankungen des Nervensystems wie Neuralgien, Geschlechtskrankheiten und Diabetes.

Auf jemanden wartend: Wird spät kommen.

Nach jemandem suchend: Die Person glaubt, sich zum Narren gemacht zu haben, und ist in den Südwesten gegangen. Sie wird allerdings aus dem Südosten zurückkehren.

Verlorener Gegenstand: Der Gegenstand ist möglicherweise vergraben oder liegt unter etwas anderem. Suchen Sie im Südosten.

Reise: Die Reise mag unnötig viel Zeit beanspruchen, ist aber möglich.

Streitigkeiten: Es gibt zahlreiche Hindernisse und Schwierigkeiten. Am besten überlässt man die Vermittlung jemandem mit Macht oder Autorität.

Beruf: Zeit raubend und ohne gewünschten Ausgang.

Prüfungen: Mittelmäßige Noten.

Neues Geschäft, Berufswechsel oder Spezialisierung, Umzug: Sie können es versuchen, dürfen aber nicht impulsiv handeln oder drängeln.

Wetter: Sonnig und klar, kräftige Winde.

HEXAGRAMM 58

Tui

dui

Die Freude

Primär	*oben*	*Tui*	*Das Heitere*
	unten	*Tui*	*Das Heitere*
Kern	*oben*	*Sun*	*Das Sanfte*
	unten	*Li*	*Das Haltende*

Tui bedeutet Freude oder Vergnügen. Beide Trigramme sind *Tui*. In jedem liegt eine durchbrochene oder *Yin*-Linie in bestimmender Position über zwei festen *Yang*-Linien. Die *Yang*-Kraft repräsentiert Festigkeit und Noblesse, während die *Yin*-Kraft Schwäche und Demut darstellt. Für die schwache und bescheidene Linie ist es natürlich ein Grund zu Glückseligkeit und Freude, in einer respektierten und überlegenen Position über den starken und edlen Linien zu liegen. *Tui* steht für Sümpfe. Sümpfe befeuchten und reichern Millionen von Dingen an und bringen ihnen Vergnügen und Freude. Da beide Trigramme in diesem Hexagramm *Tui* sind, verdoppelt sich die Vorstellung von Bereicherung und Freude. In der Weissagung bedeutet das, dass Sie sich mitten in einem glücklichen und erfreulichen Geschick befinden.

Die Weissagung

Allgemein gesprochen ein Glück verheißendes Geschick, bei dem alles gut geht. Sie dürfen ein glückliches Ereignis erwarten. Auf der anderen Seite können sorglose Worte Ärger verursachen oder eine Frau sorgt für Leid und Wut. Gehen Sie sanft, mild und ernsthaft mit Menschen um. Seien Sie vorsichtig und zurückhaltend. Dann kann das günstige Geschick erhalten bleiben.

Wunsch: Glatter Erfolg.

Ehe: Zwei Frauen werben um den gleichen Mann – Streitereien und Kämpfe. Erfolg ist nicht einfach. Wiederverheiratungen sind erfolgreich.

Liebe: Streit. Bei gegenseitigem Respekt ist aber Erfolg möglich.

Familie: Harmonisch, glücklich und mit Wohlbefinden gesegnet. Es besteht aber die Möglichkeit regelmäßiger Streitigkeiten zwischen den Eheleuten. Beide Seiten sollten toleranter und nachgiebiger sein.

Kinder: Harmonische Beziehung zwischen Eltern und Kindern. Die Eltern dürfen die Kinder aber nicht verwöhnen. Schwangerschaft: Mädchen.

Kredit: Erfolg.

Geschäft: Profite. Wappnen Sie sich aber gegen Rückschläge.

Börse: Steigende Kurse.

Lebenserwartung: Ein gesundes, langes Leben.

Krankheit: Erholung ist sicher. Seien Sie aber nicht zu selbstzufrieden. Geschlechtskrankheiten, Lungenerkrankungen wie Tuberkulose und Beschwerden im Magen-Darm-Trakt.

Auf jemanden wartend: Wird mit Freude kommen.

Nach jemandem suchend: Hat etwas mit Sex zu tun. Die Person kann in naher Zukunft nicht gefunden werden.

Verlorener Gegenstand: Kann gefunden werden. Suchen Sie im Westen.

Reise: Glück verheißend.

Streitigkeiten: Es lohnt sich, nach einem Kompromiss zu suchen.

Beruf: Ziel kann realisiert werden.

Prüfungen: Gute Noten.

Neues Geschäft, Berufswechsel oder Spezialisierung, Umzug: Erfolg versprechend.

Wetter: Regnerisch.

HEXAGRAMM 59

Huan

huan

Das Zerstreuen

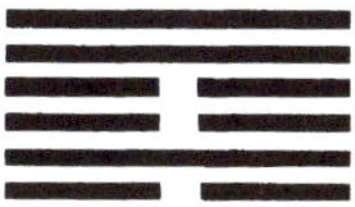

Primär	*oben*	*Sun*	*Das Sanfte*
	unten	*K'an*	*Das Abgründige*
Kern	*oben*	*Ken*	*Das Stillhalten*
	unten	*Chen*	*Das Erregende*

Huan bedeutet Verstreuen, Verteilen und Auflösen. Das obere Trigramm *Sun* symbolisiert den Wind und das untere Trigramm *K'an* das Wasser. Wenn der Wind weht, wird das Wasser verteilt. *K'an* repräsentiert außerdem Winter und Eis, während *Sun* Frühling und Wind repräsentiert. Das Hexagramm stellt also Frühlingswinde dar, die die bittere Kälte und das Eis des Winters zerstreuen. In der Weissagung bedeutet dies, dass sich das schlechte Geschick des Ärgers und der Härten aufzulösen beginnt – der Beginn von Expansion und Weiterentwicklung.

Die Weissagung

Das Schicksal beginnt sich zu wenden und die Härten nehmen ab. Fühlen Sie sich aber nicht zu sicher. Aus mangelnder Vorsicht entsteht Versagen. Hervorragendes Geschick für alle Geschäfte mit Schiffen und für das Transport- und Umzugswesen. Die folgenden Dinge können geschehen: eine Reise in die Ferne, Unterstützung durch einen anderen oder Versagen dank mangelnder Willenskraft oder Verzagtheit.

Wunsch: Legen Sie eine Strategie fest, halten Sie sich daran und der Erfolg ist durchaus möglich.

Ehe: Hindernisse können mit erfolgreichem Ausgang beseitigt werden. In der Ehe sind anfängliche Härten und Mühen kaum zu vermeiden. Später stellen sich Glück und Wohlbefinden ein.

Liebe: Anfangs sind Hindernisse kaum zu vermeiden. Fahren Sie unbeirrt fort und der Erfolg ist möglich.

Familie: Zunächst Mühe und Härten, dann sich langsam wendendes Geschick.

Kinder: Verursachen anfangs Ärger und Mühen. Später Glück und Wohlbefinden. Schwangerschaft: Mädchen. Gesunde Niederkunft.

Kredit: Trotz Schwierigkeiten ist Erfolg möglich.

Geschäft: Kleine Profite sind möglich.

Börse: Plötzlicher Kurssturz.

Lebenserwartung: In der Jugend viele Krankheiten, aber später sind eine stabile Gesundheit und ein langes Leben möglich.

Krankheit: Ein Augenblick der Gefahr, aber schließlich Erholung. Betroffene Bereiche: Blutgefäße und Atemwege.

Auf jemanden wartend: Kommt entweder früher als erwartet oder gar nicht.

Nach jemandem suchend: Weit weg und nicht leicht zu finden.

Verlorener Gegenstand: Im Freien verloren und nicht wiederzufinden.

Reise: Fahren Sie fort.

Streitigkeiten: Schaden für beide Parteien. Am besten Kompromiss suchen.

Beruf: Verläuft wie erhofft.

Prüfungen: Gute Noten.

Neues Geschäft, Berufswechsel oder Spezialisierung, Umzug: Erfolg versprechend.

Wetter: Wolkig, klart später auf.

HEXAGRAMM 60

Chieh

jie

Die Beschränkung

Primär	*oben*	*K'an*	*Das Abgründige*
	unten	*Tui*	*Das Heitere*
Kern	*oben*	*Ken*	*Das Stillhalten*
	unten	*Chen*	*Das Erregende*

Chieh bedeutet Regulierung, Zurückhaltung und Beschränkung. Das obere Trigramm *K'an* symbolisiert Wasser und das untere Trigramm *Tui* symbolisiert Sümpfe. Im Bild empfängt der Sumpf das Wasser. Wird zu viel Wasser empfangen, läuft der Sumpf über; wird zu wenig Wasser empfangen, trocknet der Sumpf aus. Deshalb muss die Wasserzufuhr zum Sumpf kontrolliert und reguliert werden. Das Erscheinungsbild des Hexagramms wird oft mit Bambus verglichen. Von unten gerechnet, sind die Linien eins und zwei feste oder *Yang*-Linien, die Linien drei und vier sind durchbrochene oder *Yin*-Linien, Linie fünf ist *Yang* und die Linie sechs ist *Yin*. Die Abfolge erinnert an die regelmäßigen Unterteilungen des Bambus und untermauert so die Vorstellung von Uniformität und Regulierung. In der Weissagung bedeutet das, dass man seine Pflicht tun, Selbstkontrolle üben und mit seiner gegenwärtigen Stellung zufrieden sein soll. Meiden Sie Gier und Begehrlichkeit. Gebrochene Regeln, mangelnde Zurückhaltung und Unordnung führen zwangsläufig zu Härten, Armut oder Schwierigkeiten.

Die Weissagung

Gehen Sie vorsichtig, überlegt und kontrolliert vor. Gier oder übereilte Handlungen müssen vermieden werden. Hält man sich zurück und ist vorsichtig, lässt sich ein sicheres und günstiges Geschick erlangen. Die Missachtung der Prinzipien von Ordnung und Zurückhaltung und durch Streben nach Vergnügen und Profit provozierte chaotische Handlungen resultieren in Verlust, Scheitern und Unglück. Im Geschäft können die Ausgaben zu hoch sein. Finanzielle Schwierigkeiten. Dinge laufen nicht glatt. Sorglose Worte, Gerüchte und Verleumdungen können Schaden zufügen.

Wunsch: Im Augenblick keine Hoffnung. Warten Sie eine bessere Zeit ab.

Ehe: Keine gute Paarung. Es besteht kein Grund für Aufregung oder Ungestüm. Geduldiges und gleichmäßiges Vorgehen führt zum Erfolg.

Liebe: Die Geduld bestimmt über Erfolg und Misserfolg.

Familie: Ein ordentlicher Haushalt erfreut sich eines günstigen Geschicks.

Kinder: Gehorsam und loyal; eine glückliche Familie. Handeln die Eltern aber unmoralisch oder ungehörig, werden sich die Kinder widersetzen und das günstige Geschick zerbricht. Schwangerschaft: Junge.

Kredit: Im Augenblick keine Hoffnung.

Geschäft: Eher mäßig.

Börse: Nur eine leichte Fluktuation der Kurse.

Lebenserwartung: Ordnung und Selbstdisziplin ziehen eine stabile Gesundheit und ein langes Leben nach sich.

Krankheit: Langwierig, Erholung ist aber möglich. Essen und Trinken müssen reguliert werden. Erkrankungen des Nervensystems, des Magens und des Darms.

Auf jemanden wartend: Wird noch einige Zeit nicht kommen. Warten Sie geduldig.

Nach jemandem suchend: Nahe, aber nicht leicht zu entdecken. Der Aufenthaltsort wird bekannt oder die Person kehrt von selbst zurück.

Verlorener Gegenstand: Im Haus verloren. Geduldige Suche führt zum Erfolg. Suchen Sie im Westen oder Norden.

Reise: Jetzt ist nicht die richtige Zeit für eine Reise. Warten Sie besser einen günstigeren Augenblick ab.

Streitigkeiten: Feindschaft. Streben Sie besser einen Kompromiss an.

Beruf: Im Augenblick keine Hoffnung.

Prüfungen: Recht gute Noten.

Neues Geschäft, Berufswechsel oder Spezialisierung, Umzug: Nicht der richtige Zeitpunkt. Warten Sie eine bestimmte Zeit und prüfen Sie dann die neue Situation.

Wetter: Wolkig mit gelegentlichen Niederschlägen.

HEXAGRAMM 61

Chung Fu

zhong fu

Inneres Vertrauen und Wahrhaftigkeit

Primär	*oben*	*Sun*	*Das Sanfte*
	unten	*Tui*	*Das Heitere*
Kern	*oben*	*Ken*	*Das Stillhalten*
	unten	*Chen*	*Das Erregende*

Chung Fu heißt Ernsthaftigkeit und Wahrheit. Das obere Trigramm *Sun* symbolisiert den Wind, während das untere Trigramm *Tui* Sümpfe symbolisiert. Der Wind bläst also über die Oberfläche des Sumpfes und rührt sein Wasser zu Wellen auf. So wird dieses Bild mit einem Vorgesetzten verglichen, der seine Untergebenen mit Wahrhaftigkeit und Ernsthaftigkeit behandelt und sie so zu einem harmonischen und bereitwilligen Handeln anleitet. *Tui* repräsentiert auch Freude, während *Sun* für Gehorsam und Folgsamkeit steht. Das Hexagramm zeigt also glückliche und gehorsame Gefolgschaft, die völlige Abwesenheit von Falschheit und Täuschung und auf Gegenseitigkeit beruhendes Gefühl und Verantwortungsbewusstsein. In der Weissagung bedeutet das, dass Standhaftigkeit, Ehrlichkeit und Wahrhaftigkeit im Verhalten zu einem günstigen Geschick und einem konfliktfreien Leben führen.

Die Weissagung

Handeln Sie in allen Dingen mit Aufrichtigkeit und Ernsthaftigkeit, gewinnen Sie das Vertrauen anderer und Ihr Geschick wird sich allmählich öffnen. Böse Absichten und ein Missbrauch des Vertrauens führen zu einem bösen Geschick. Achten Sie im Umgang mit anderen vor allem auf Vertrauen und es wird sich für Sie auszahlen. Zusammenarbeit verspricht Erfolg. Es besteht die Möglichkeit regelmäßiger Reisen in die Fremde.

Wunsch: Handeln Sie aufrichtig und er kann sich erfüllen. Mangelnde Aufrichtigkeit führt zum Scheitern.

Ehe: Gute, kompatible Paarung. Erfolg ist möglich.

Liebe: Mitten in leidenschaftlicher Liebe. Aufrichtigkeit führt jetzt zum Erfolg.

Familie: Glück, Harmonie und Wohlbefinden.

Kinder: Harmonie zwischen Eltern und Kindern – Glückseligkeit und Wohlbefinden. Schwangerschaft: Mädchen.

Kredit: Alles läuft glatt.

Geschäft: Alles läuft glatt. Moderate Profite sind möglich.

Börse: Die Kurse steigen bald.

Lebenserwartung: Achten Sie auf Ihren Körper und ein langes Leben ist möglich.

Krankheit: Eine Erholung ist möglich. Magengeschwüre, Bauchfellentzündung und Nierenkrankheiten.

Auf jemanden wartend: Wird definitiv kommen.

Nach jemandem suchend: Keine Sorge. Die Person wird bald aus freien Stücken zurückkehren.

Verlorener Gegenstand: Im Haus verloren oder in jemandes Hände gefallen. Diese Person wird es zurückgeben.

Reise: Erfolg versprechend. Sichere und schöne Reise.

Streitigkeiten: Stures Beharren führt zu Feindschaft. Besser ist ein Kompromiss.

Beruf: Alles läuft glatt.

Prüfungen: Sehr gute Noten.

Neues Geschäft, Berufswechsel oder Spezialisierung, Umzug: Handeln Sie, aber drängen Sie nicht.

Wetter: Klar, später wolkig.

H E X A G R A M M 6 2

Hsiao Kuo

xiao guo

Die Kleinen kommen durch

Primär	*oben*	*Chen*	*Das Erregende*
	unten	*Ken*	*Das Stillhalten*
Kern	*oben*	*Tui*	*Das Heitere*
	unten	*Sun*	*Das Sanfte*

Hsiao Kuo bedeutet leichter Exzess, Disharmonie und Ärger. Die dritte und vierte Linie von unten sind feste oder *Yang*-Linien. Die übrigen sind durchbrochene oder *Yin*-Linien. Die *Yang*-Kraft hat nicht die Kontrolle. Außerdem ist sie von der *Yin*-Kraft umzingelt und kann nicht mit voller Kraft wirken. *Yin* symbolisiert Kleinheit und *Yang* steht für Größe. Die in jedem Trigramm bestimmende Mittellinie ist eine *Yin*-Linie. Das bedeutet, dass zwar kleine Ziele erreicht werden können, es aber keine Hoffnung für die Erlangung großer Ziele gibt. Die Form des Hexagramms erinnert an zwei Menschen, die Rücken an Rücken sitzen, und deutet damit auf Disharmonie hin. In der Weissagung heißt das, dass die Dinge nicht wirklich glatt laufen. Man sollte nicht versuchen, zu expandieren oder voranzugehen.

Die Weissagung

Es besteht keine Hoffnung, über sich selbst hinauszuwachsen. Vermeiden Sie vor allem Streit mit Stärkeren, der zur Niederlage führen wird.

Zurückhaltung und Bewahrung des Status Quo versprechen Erfolg. Disharmonie kann zu Komplikationen führen. Eine Trennung von Verwandten und engen Freunden ist ebenso möglich wie ein Fehler bei der Arbeit.

Wunsch: Nur sehr geringe Aussicht auf Erfolg. Große Wünsche können nicht erfüllt werden.

Ehe: Schlechte, inkompatible Paarung, die zur Trennung führt.

Liebe: Für einige Zeit kein Erfolg. Eine zu lange Verzögerung wird allerdings zum Scheitern führen, da die andere Seite ihre Meinung ändern kann.

Familie: Disharmonie in der Familie. Sie verlassen möglicherweise Ihren Geburtsort und ziehen in die Fremde.

Kinder: Disharmonie zwischen Eltern und Kindern und zwischen den Kindern selbst. Schwangerschaft: Junge.

Kredit: Nur ein kleiner Betrag.

Geschäft: Verluste und Scheitern.

Börse: Niedrige Kurse. Werden später nach oben springen, aber dann erneut fallen.

Lebenserwartung: Regelmäßige Erkrankungen; möglicherweise ein kurzes Leben.

Krankheit: Wird sich verschlechtern. Für eine Erholung ist äußerste Aufmerksamkeit nötig. Diabetes und Brustkrankheiten.

Auf jemanden wartend: Wird nicht kommen.

Nach jemandem suchend: Weit weg und nicht zu finden.

Verlorener Gegenstand: Gestohlen oder verloren und nicht wiederzufinden.

Reise: Ungünstig.

Streitigkeiten: Ungünstig. Am besten einstellen.

Beruf: Keine Hoffnung.

Prüfungen: Schlechte Noten.

Neues Geschäft, Berufswechsel oder Spezialisierung, Umzug: Widrige Umstände. Besser auf den richtigen Augenblick warten.

Wetter: Morgens und abends wolkig, aber gegen Mittag klar.

HEXAGRAMM 63

Chi Chi

ji ji

Nach der Vollendung

Primär	*oben*	*K'an*	*Das Abgründige*
	unten	*Li*	*Das Haltende*
Kern	*oben*	*Li*	*Das Haltende*
	unten	*K'an*	*Das Abgründige*

Chi Chi bedeutet, alles ist vollständig oder bereits erreicht. Die *Yang*-Kraft symbolisiert ungerade Zahlen, während *Yin* gerade Zeilen repräsentiert. Die durchbrochenen und festen Linien wechseln sich im Hexagramm ab. Jede Linie liegt an der richtigen Stelle und die beiden Kräfte folgen einträchtig aufeinander. Das obere Trigramm *K'an* symbolisiert den mittleren Sohn, während das untere Trigramm *Li* die mittlere Tochter symbolisiert. Mann und Frau nehmen die ihnen angemessenen Positionen ein, was auf eine passende Vereinigung hinweist. In der Weissagung bedeutet dies die richtige Zeit für Erfolg und Ruhm. Dieser Augenblick ist aber nicht von Dauer und man muss Vorkehrungen für schlechte Zeiten treffen.

Die Weissagung

Sorgenfreies, blühendes Geschick. Es gibt Gewinne, aber auf dem Höhepunkt zeigen sich Anzeichen für den Niedergang. Man darf also weder arrogant noch nachlässig sein. Das gute Geschick muss mit Vorsicht bewahrt werden. Machen Sie keine Pläne für neue Entwicklungen. Halten Sie Ihre Stellung und bringen Sie alles in Ordnung.

Wunsch: Kann erfüllt werden, aber seien Sie nicht sorglos.

Ehe: Großer Erfolg. Passende Paarung.

Liebe: Erfolg ist möglich. Bei zu langer Verzögerung ist ein Scheitern möglich. Besser schnell heiraten.

Familie: Das anfänglich blühende Familiengeschick wird sich später wenden.

Kinder: Friede und Glückseligkeit am Anfang, später kann es zu Disharmonie zwischen Eltern und Kindern kommen. Es ist also besser, wenn Eltern und Kinder getrennt leben. Schwangerschaft: Junge.

Kredit: Erfolg ist möglich.

Geschäft: Profite sind möglich, übersteigertes Gewinnstreben führt aber zum Scheitern.

Börse: Steigende Kurse, die aber nach wenigen Tagen wieder fallen.

Lebenserwartung: Bisher gesund und kräftig, aber später sind gesundheitliche Probleme möglich. Achten Sie also gut auf Ihren Körper.

Krankheit: Erholung ist möglich, aber es droht ein Rückfall. Herzbeschwerden, Erkrankungen des Magen-Darm-Trakts und Altersbeschwerden.

Auf jemanden wartend: Wird kommen.

Nach jemandem suchend: Aufenthaltsort wird bald bekannt werden oder die Person kehrt freiwillig zurück. Geht aber möglicherweise wieder weg.

Verlorener Gegenstand: Kann wiedergefunden werden.

Reise: Sichere Reise, aber seien Sie unterwegs vorsichtig.

Streitigkeiten: Zunächst scheinen sich Fortschritte und Erfolge einzustellen, aber das schlägt später zum Nachteil um. Am besten einstellen.

Beruf: Erfolg ist möglich.

Prüfungen: Gute Noten.

Neues Geschäft, Berufswechsel oder Spezialisierung, Umzug: Besser noch einmal überdenken.

Wetter: Instabile Wetterlage.

HEXAGRAMM 64

Wie Chi

wie ji

Vor der Vollendung

Primär	*oben*	*Li*	*Das Haltende*
	unten	*K'an*	*Das Abgründige*
Kern	*oben*	*K'an*	*Das Abgründige*
	unten	*Li*	*Das Haltende*

Wie Chi bedeutet vor der Vollendung oder unfertig. Das obere Trigramm *Li* symbolisiert Feuer, während das untere Trigramm *K'an* für Wasser steht. Feuer brennt aufwärts und Wasser fließt abwärts. Hier liegt das Feuer aber über dem Wasser, sodass Feuer und Wasser nicht nützlich zusammenarbeiten können. Deshalb wird nichts erreicht oder vollendet. In der Weissagung bedeutet dies, dass die Geschicke zurzeit nicht zum Besten stehen, sich aber in der Zukunft bessern.

Die Weissagung

Nichts wird so gehen, wie erhofft. Gehen Sie ruhig, langsam und gleichmäßig vor, achten Sie auf Harmonie mit anderen und Ihr Geschick wird sich allmählich bessern. Sorglosigkeit, Unbesonnenheit oder Nachlässigkeit werden zum Scheitern führen. Kooperationen sind Erfolg versprechend.

Wunsch: Schwierigkeiten. Im Augenblick aussichtslos. Ausdauer führt nach einiger Zeit zum Erfolg.

Ehe: Schwieriger Anfang. Allmählich kommen die Partner zusammen. Eine gute Paarung.

Liebe: Nur langsame Annäherung, aber schließlich Erfolg.

Familie: Zunächst Schwierigkeiten und stagnierendes Geschick. Später verbessert sich das Geschick allmählich und die Familienmitglieder finden schrittweise zu Glück und Wohlbefinden. Es besteht die Möglichkeit, dass die Frau die Autorität in der Familie ausübt.

Kinder: Die Kinder sorgen zunächst für großen Kummer. Später folgen Glückseligkeit und Segen. Kinder können erst spät kommen. Schwangerschaft: Junge.

Kredit: Vorläufig hoffnungslos.

Geschäft: Verluste. Später wird sich die Situation bessern.

Börse: Sinkende Kurse.

Lebenserwartung: In der Jugend schwach und kränklich, später aber gesund.

Krankheit: Erholung nach langer Krankheit. Erkrankungen des Magen-Darm-Trakts oder der Kreislauforgane.

Auf jemanden wartend: Wird vermutlich nicht kommen. Wenn doch, dann spät.

Nach jemandem suchend: Kann nach langwieriger Suche gefunden werden. Suchen Sie im Süden oder Norden.

Verlorener Gegenstand: Geduldige Suche führt zum Erfolg. Der Gegenstand wurde verlegt. Suchen Sie im Norden oder Süden.

Reise: Mühselig.

Streitigkeiten: Zeit raubend und nicht unbedingt erfolgreich. Unklarer Ausgang. Besser nach einem Kompromiss suchen.

Beruf: Im Augenblick hoffnungslos.

Prüfungen: Schlechte oder mittelmäßige Noten.

Neues Geschäft, Berufswechsel oder Spezialisierung, Umzug: Erfolg versprechend.

Wetter: Wolkig.

Bibliographie

I Ging-Übersetzungen

Blofeld, John, Hrsg. *I Ging: Das Buch der Wandlung.* München: O. W. Barth, 1983.

Chai, Ch'u und Chai, Winberg, Hrsg. *I-Ching: Book of Changes.* New Hyde Park: University Books, 1964. New York: Bantam Books, 1964.
Neben der englischen Übersetzung von James Legge enthält dieses Buch eine Einleitung der Herausgeber, die die Struktur, die Gedankenwelt und die Philosophie des I Ging erläutert, sowie einen Studienführer.

Fiedeler, Frank. *Yijing. Das Buch der Wandlungen.* München: Diederichs, 1999.

Legge, James, Übs. *The Yi-King.* Pt. 2, The Sacred Books of China, The Texts of Confucianism. Sacred Books of the East, hrsg. von F. Max Muller, Band 16. Oxford: Clarendon, 1882. 2nd ed. 1899.
Bis zur Übertragung der deutschen I Ging-Übersetzung von Richard Wilhelm ins Englische war diese englische Übersetzung des Missionars und Gelehrten James Legge das Standardwerk in der englischsprachigen Welt. Legge stellt dem Werk eine ausführliche Einleitung voran, in der

er die Geschichte des I Ging, das Thema des Buchs sowie die Anhänge bespricht. Die Übersetzung ist reichhaltig mit Fußnoten versehen, wurde immer wieder neu aufgelegt und diente als Grundlage für viele Neuübersetzungen.

Sung, Z. D., Hrsg. *The Text of Yi-King.* (Nachdruck der Shanghai-Edition von 1935) New York: Paragon Books, 1969.
Eine Gegenüberstellung der englischen Übersetzung von Legge und der chinesischen Texte.

Van Osten, René. *I Ging – Das Buch vom Leben. Wegweiser zu einem Leben im Einklang mit den sichtbaren und unsichtbaren Kräften.* Aitrang: Windpferd, 2000.

Van Over, Raymond, Hrsg. *I-Ching.* New York: Mentor Books, New American Library, 1971.
Text auf Basis der Legge-Übersetzung mit Vorwort des Herausgebers.

Wilhelm, Richard, Übs. *I Ging: Das Buch der Wandlungen.* München: Diederichs, 2001 (Erstauflage 1924).
Die deutsche Übersetzung von Richard Wilhelm gilt bis heute weltweit als Standardwerk und ist in viele Sprachen weiter übersetzt worden. Der Sinologe Wilhelm arbeitete bei der Übersetzung des Werks mit berühmten chinesischen Gelehrten zusammen. Sein wichtigster Partner war Lao Nai-hsüan. Er überprüfte seine Arbeit, indem er sie ins Chine-

sische zurück übersetzte. Auf Anregung von C. G. Jung übersetzte Cary F. Baynes die deutsche Übersetzung ins Englische.

Yüang-Kuang. *I Ging. Das Buch der chinesischen Weissagung.* München: Goldmann, 1993.
Die deutsche Übertragung einer 1951 erschienenen französischen Übersetzung.

Englischsprachige Artikel und Arbeiten zum I Ging

Chen, Shi-chuan. *How to Form a Hexagram and Consult the I Ching.* Journal of the American Oriental Society 92, Nr. 2, S. 237–249, 1972.

McEvilly, Wayne. *Synchronicity and the I Ching.* Philosophy East and West 18, Nr. 3, S. 137–149, Juli 1968.

Needham, Joseph. *The System of the Book of Changes,* Science and Civilization in China von J. Needham und Wang Ling. History of Scientific Thought, Nr. 2, S. 304–345. Cambridge: Cambridge University Press, 1956.

Swanson, Gerald William. *The Great Treatise: Commentary Tradition to the Book of Changes.* Dissertation, University of Washington, 1974.

Van der Blij, F. *Combinational Aspects of the Hexagrams in the Chinese Book of Changes.* Scripta Mathematica 28, Nr. 1, S. 37–49, 1966.

Wilhelm, Hellmut. *The Concept of Time in the Book of Changes.* Übersetzt von Ralph Manheim. Papers from the Eranos Jahrbuch, Bollingen Series 30, hrsg. von Joseph Campbell, Band 3, Man and Time, S. 212–324. New York: Pantheon Books, 1957.

———. *The Creative Principle in the Book of Changes.* Übersetzt von Jane A. Pratt and Marianne Cowan. Frühjahr 1970.

———. *Interplay of Image and Concept in the Book of Changes.* Eranos Jahrbuch 1967, 36. Zürich: Rhein-Verlag, 1968.

———. *The Sacrifice, Idea and Attitude: Thoughts from the Book of Changes.* Harvest, Band 4 (1957). Nachdruck unter dem Titel *On Sacrifice in the I Ching.* Frühjahr 1972.

Weiterführende Literatur zum I Ging

Adrian, Franciscus. *Die Schule des I-Ging. „Hintergrundwissen"* (Bd. 1). München: Diederichs, 1994.

———.*Die Schule des I-Ging. „Die Praxis"* (Bd. 2). München: Diederichs, 1995.

Anthony, Carol K. *Handbuch zum klassischen I Ging.* München: Diederichs, 1998.

Da Liu. *I Ching Coin Prediction.* New York and Evanston: Harper and Row, 1975.

Hertzer, Dominique. *Das alte und das neue Yijing. Die Wandlungen des Buches der Wandlungen.* München: Diederichs, 1996.

———. *Das Mawangdui-Yijing. Text und Deutung.* München: Diederichs, 1996.

Lee, Chin, und Wong, Kay. *I Ching Book of Change.* Tujunga, California: The K. King Company, 1971.

Lee, Yung Young. *The Principles of Changes: Understanding the I Ching.* New Hyde Park: University Books, 1971.

Moog, Hanna. *Leben mit dem I Ging. Erfahrungen aus Kunst, Therapie, Beruf und Alltag.* München: Diederichs, 1996.

Ponce, Charles. *The Nature of the I Ching: Its Usage and Interpretation.* New York: Award Books, 1970.

Sung, Z. D. *The Symbols of Yi-King or the Symbols of the Chinese Logic of Changes.* (Nachdruck der Shanghai-Edition von 1934) New York: Paragon, 1969.

Wilhelm, Hellmut. *Die Wandlung. Acht Essays zum I Ging.* Frankfurt am Main: Suhrkamp, 1. Auflage 1985.

———. *Sinn des I-Ging.* München: Diederichs, 1995.

Woo, Catherine Yi-yu Cho. *Characters of the Hexagrams of the I Ching.* San Diego: University Press, California State University, 1972.